그림으로 보는
로마 이야기

초판 1쇄 발행 2024년 3월 30일

글 위문숙 | **그림** 윤유리 | **감수** 정기문

발행인 오형석
편집장 이미현 | **편집** 정은혜 | **디자인** 이희승
발행처 (주)계림북스
신고번호 제2012-000204호 | **등록일자** 2000년 5월 22일
주소 서울시 마포구 창전로 74 여촌빌딩 3층
대표전화 (02)7079-900 | **팩스** (02)7079-956
도서문의 (02)7079-913
홈페이지 www.kyelimbook.com

ⓒ계림북스, 2024
이 책에 실린 글과 그림, 사진의 무단 전재나 복제를 금합니다.

ISBN 978-89-533-3550-9 74920 | 978-89-533-3547-9(세트)

2 공화정과 포에니 전쟁

그림으로 보는 로마 이야기

글 위문숙 | 그림 윤유리 | 감수 정기문

계림북스

들어가는 말

두근두근, 짜릿짜릿!
신기하고 놀라운 로마 이야기

여의도 두 배 크기의 조그만 마을에서 시작하여 이탈리아반도를 차지하고 아프리카와 유럽과 아시아까지 뻗어 나간 나라는? 바로 로마랍니다.

로마 군대는 세계 곳곳을 점령했으며 로마인들은 큰소리 땅땅 치며 살았어요. 그렇게 세계를 호령하던 로마 제국은 어느 순간 힘을 잃더니 기운을 회복하지 못하고 사라졌어요. 사람들은 작은 마을에 불과했던 로마가 어떻게 다른 나라들을 쥐락펴락할 수 있었는지, '모든 길은 로마로 통한다.'라는 말이 나올 만큼 초강대국이던 로마는 왜 멸망했는지 궁금했어요.

〈그림으로 보는 로마 이야기〉를 펴는 순간 여러분의 궁금증이 시원하게 풀릴 거예요. 또한 이 책에서는 로마의 일인자가 되려고 비장한 마음으로 루비콘 강을 건너던 카이사르와 로마를 무찌르고자 알프스산맥을 넘은 한니발 등 영웅들의 이야기도 만날 수 있어요. 검투사가 된 황제와 오줌을 팔아서 돈을 번 황제의 이야기도 엿볼 수 있답니다. 두근두근, 짜릿짜릿, 신기하고 놀라운 로마의 세계로 함께 출발해 볼까요?

위문숙

차례

로마 공화정

- **귀족 공화정의 시작** ········· 12
  - 집정관이 로마를 다스렸어요
  - 집정관뿐 아니라 재무관과 독재관도 생겼어요
  - 으라차차! 누가 로마 공화정을 지탱했을까?
  - 발레리우스가 새로운 집정관으로 뽑혔어요
  - 다른 부족을 받아들였어요

- **로마가 위태로워** ········· 22
  - 다시 왕이 되고 싶었어요
  - 와장창! 라틴 동맹이 깨졌어요
  - 로마가 라틴 부족을 힘으로 눌렀어요
  - 로마군이 땅굴을 파서 적을 무너뜨렸어요
  - 켈트족이 우르르 몰려왔어요

- **로마, 다시 시작하다!** ········· 32
  - 도시를 새로 단장했어요
  - 이웃 부족들과 전쟁이 벌어졌어요
  - 로마가 강해졌어요
  - 로마가 연맹을 거부했어요

로마 이야기 배움터 ········· 40
쉿! 최강 로마 군단의 비결

로마 이야기 놀이터 ········· 42
다른 그림 찾기

평민도 사람이다!

- **이것저것 다 하지 마!** ········· 46
  - 신분의 벽이 높아졌어요
  - 평민은 원로원에 들어오지 마세요
  - 평민은 좋은 땅을 갖지 못해요
  - 평민들의 불만이 터졌어요

티격태격 이탈리아반도

- **저항의 불길** ·········· 54
  - 평민들이 창과 칼을 내려놓았어요
  - 집정관이 평민들에게 약속했어요
  - 독재관이 평민들에게 약속했어요
  - 도시를 하나 세웁시다
  - 우리가 양보하겠소
  - 제2의 수도를 만듭시다

- **평민의 정치 참여** ·········· 67
  - 호민관의 입김이 세졌어요
  - 법을 글로 남겼어요
  - 12표법을 만들었어요
  - 평민의 지위가 차츰 높아졌어요

로마 이야기 배움터 ·········· 74
군주정과 공화정은 어떻게 다를까?

로마 이야기 놀이터 ·········· 76
틀린 것 고르기

- **삼니움 전쟁** ·········· 80
  - 로마군이 산으로 들어갔어요
  - 제2차 삼니움 전쟁이 터졌어요
  - 왜 패배했는지 따져 보았어요
  - 삼니움족과 다시 맞붙었어요

- **제3차 삼니움 전쟁** ·········· 88
  - 로마가 비상사태를 선언했어요
  - 로마는 연합군과 맞서야 했어요
  - 집정관들이 로마군을 이끌었어요
  - 엎치락뒤치락 싸웠어요
  - 로마가 이탈리아 중부를 장악했어요

로마 이야기 배움터 ·········· 98
2천 년 전의 로마 도로를 만나 보아요

- **로마인과 그리스인의 대결** ·········· 100
  - 이탈리아반도에 그리스인들이 살았어요
  - 타렌툼에 전쟁을 선포했어요

- 뿌우! 코끼리가 나타났어요
- 피로스는 전투에서 승리했어요
- 로마가 이탈리아반도를 통일했어요

로마 이야기 놀이터 ······················· 110
숨은그림찾기

- 시칠리아는 지중해의 심장이에요
- 발끝에 닿을락 말락 했어요
- 시칠리아가 로마에 손짓했어요

• 포에니 전쟁 ······················· 124
- 시칠리아에서 전쟁이 시작되었어요
- 로마는 변변한 함선도 갖추지 못했어요
- 로마에도 해군이 탄생했어요
- 로마군이 첫 해전을 치렀어요
- 바다에 까마귀가 나타났어요

• 물러설 수 없는 로마와 카르타고 ······················· 134
- 카르타고로 전쟁터를 옮겼어요
- 로마군이 카르타고에서 떠났어요
- 닭이 모이를 먹지 않았어요
- 포에니 전쟁을 치르느라 나랏돈이 바닥났어요
- 마지막 해전이 시작되었어요

로마 이야기 배움터 ······················· 144
왜 포에니 전쟁이라는 이름이 붙었을까?

더 넓은 세상을 향해

• 지중해를 로마의 품에 ······················· 114
- 지중해를 넘보면 큰일 나요

로마 이야기 배움터 ······················· 116
카르타고가 제일 잘나가!

한니발과 제2차 포에니 전쟁

- **한니발의 등장** ········· 148
  - 로마가 카르타고에 전쟁을 선포했어요
  - 로마까지 걸어갔어요
  - 알프스산맥에 도착했어요
  - 한니발이 적의 뒤통수를 쳤어요
  - 한니발은 계획이 다 있었어요

- **한니발의 힘든 싸움** ········· 158
  - 한니발 군대가 호숫가에서 로마군을 기다렸어요
  - 칸나에 전투가 벌어졌어요
  - 한니발의 뜻대로 이뤄지지 않았어요
  - 한니발이 문 앞에 와 있다
  - 로마는 전쟁을 질질 끌었어요

- **로마의 승리** ········· 168
  - 스키피오가 로마군을 이끌었어요
  - 한니발과 스키피오가 맞닥뜨렸어요
  - 카르타고가 로마와 협상을 맺었어요
  - 로마는 카르타고를 외면했어요
  - 제3차 포에니 전쟁이 일어났어요
  - 로마가 카르타고를 함락시켰어요

로마 이야기 배움터 ········· 180
카르타고는 어떻게 바뀌었을까?

로마 이야기 놀이터 ········· 182
보드게임

로마 이야기 놀이터 정답 ········· 184

〈부록〉 로마 제국 연표

로마 시민들은 하나로 똘똘 뭉쳐 왕을 쫓아냈어요. 대신 1년마다 지도자 역할을 하는 집정관을 두 명씩 새로 뽑아 로마를 이끌게 했어요. 왕이 모든 것을 쥐락펴락하던 왕정 시대는 끝나고 여럿이 힘을 모아 로마를 다스리는 공화정이 시작되었지요.
로마인들을 골치 아프게 했던 문제가 풀렸으니 나라는 잘 굴러갔을까요?
천만의 말씀! 쫓겨난 왕은 왕위를 되찾으려고 번번이 쳐들어왔고 주변의 여러 부족은 호시탐탐 로마를 노렸지요. 또 귀족과 평민 사이에서는 다툼이 끊이지 않았어요.

로마 공화정

귀족 공화정의 시작

집정관이 로마를 다스렸어요

왕을 쫓아낸 다음 로마인들은 광장에 모였어요. 그리고 앞으로는 자유를 빼앗기지 않기 위해 누구도 왕위에 오르지 못하게 막겠다고 다짐했어요. 나라를 다스리는 임무는 시민들이 뜻을 모아 뽑은 집정관에게 맡겼어요. 집정관은 두 명이고 임기는 1년뿐이었어요. 왕이 죽을 때까지 혼자서 나라를 쥐락펴락하는 일은 없어진 셈이지요.

로마 공화정

두 명의 집정관은 중대한 결정을 내려야 할 때 머리를 맞대고 의논을 거듭했어요. 300명으로 늘어난 원로원 의원들은 집정관들이 나랏일을 제대로 처리하는지 감시를 늦추지 않았어요.

고대 로마의 역사가 리비우스는 〈로마사〉라는 책에서 공화정 시대로 접어든 로마를 두고 이런 구절을 남겼어요.

"이제부터 해마다 선거를 통해 뽑힌 인물들이 로마를 다스릴 것이며, 개인이 아니라 법이 지배하는 국가가 되리라."

집정관뿐 아니라 재무관과 독재관도 생겼어요

로마의 마지막 왕은 자신의 업적을 뽐내는 건축물을 세우려고 나랏돈을 펑펑 쓰고 시민들을 억지로 동원했어요. 그런데 집정관에게 국고를 맡기면 그런 일이 또 벌어지지 않을까요? 그래서 재무관을 두어 국고를 관리하게 했어요. 도로나 상하수도 같은 공공시설을 만들려면 재무관의 허락이 떨어져야만 나랏돈을 꺼내 쓸 수 있었어요. 지위가 높은 관리라도 나랏돈을 함부로 사용하면 고발당했어요. 최고 권력자인 집정관조차 마찬가지였지요.

로마 공화정

또한 적이 갑자기 쳐들어오는 비상사태를 책임지는 독재관도 생겼어요. 로마군을 소집하는 것부터 적과 협상을 맺는 것까지 독재관 혼자 판단하고 결정했어요. 이럴 때는 두 명의 집정관도 독재관의 명령에 따라야 했어요. 적군이 쳐들어오는데 집정관들의 의견이 달라서 우왕좌왕하면 나라의 운명이 어지러울 수 있으니까요. 이렇듯 큰 권력을 손에 쥔 독재관이지만 대신 임기는 6개월에 불과했어요.

으라차차! 누가 로마 공화정을 지탱했을까요?

로마 공화정을 튼튼하게 받쳐 주는 조직이 있었으니 바로 집정관과 원로원, 민회, 이 세 개의 기둥이에요. 원로원은 300명으로 구성되었으며 로마가 나아갈 길에 대해 의견을 나누었어요. 집정관과 재무관의 업무를 감독하고 이웃 부족과의 관계에 대해 토론을 거듭했어요. 왕정 시대에는 씨족 지도자들이, 공화정 시대에는 명문 귀족들이 원로원이 되었어요. 원로원은 권위와 권력을 모두 가졌고 임기가 무제한이었어요. 로마인들은 원로원 의원들을 존중하고 따랐지요.

로마 공화정

또 로마 공화정에는 17세 이상의 로마 시민권자라면 누구나 참석할 수 있는 민회가 있었어요. 민회에서는 법안을 결정하고 집정관을 뽑거나 재판을 열었어요. 당시 로마 시민들은 투표를 통해 자신의 권리를 행사했어요. 공화정 시대의 민회는 귀족 중심의 원로원과 대립하면서 평민의 권리를 획득하기 위해 노력했어요.

발레리우스가 새로운 집정관으로 뽑혔어요

로마 공화정의 첫 집정관은 브루투스와 콜라티누스였어요. 공화정이 수립되고 얼마 되지 않아 옛 왕인 타르퀴니우스 2세를 복귀시키자는 음모가 발각되었는데 모의자들 가운데는 브루투스의 아들들도 포함되어 있었어요. 집정관인 브루투스는 공화정을 지키기 위해 아들들을 처형시켰어요. 한편 콜라티누스 대신 새로운 집정관으로 발레리우스가 뽑혔어요.

로마 공화정

얼마 뒤, 폐위된 타르퀴니우스 2세가 로마에 쳐들어왔어요. 안타깝게도 브루투스는 전쟁터에서 전사했지만 발레리우스는 병사들을 격려하며 결국 타르퀴니우스 2세를 무찔렀어요. 그리고 로마로 돌아와 승리를 기념했어요. 그런데 발레리우스가 시간이 지나도 브루투스의 빈자리를 채우지 않자 로마인들은 의심스러운 눈길로 바라보았어요. 이에 발레리우스는 서둘러 동료 집정관을 뽑았어요. 또한 자기 재산을 털어 도로와 하수도 사업을 벌였어요.

다른 부족을 받아들였어요

에트루리아 출신의 로마 왕들은 에트루리아인들을 데려다 대규모 공사를 맡겼어요. 에트루리아인들은 로마 곳곳의 습지를 비옥한 농지로 바꾸고 도로와 건물을 지었어요. 날이 갈수록 그들의 지위는 높아졌으며 세력이 커졌어요. 그런데 왕이 쫓겨난 뒤로 에트루리아인들이 자꾸 로마에 침입해 로마인들을 괴롭혔어요. 로마에 터를 잡고 있던 에트루리아인들은 입장이 난처해져서 하나둘 로마를 떠났어요. 로마에서 진행 중이던 대규모 건설 사업은 중단되었고 상업은 활기를 잃었어요.

로마 공화정

당시 로마의 집정관이던 발레리우스는 묘안이 떠올랐어요.
"다른 부족을 로마로 데려오자."
로마 주변에는 로마인과 같은 언어를 쓰고 같은 신을 섬기는 라틴족들이 도시를 이루고 살았어요. 발레리우스의 제안에 라틴족의 클라우디스 가문이 무려 5천 명이나 되는 일족★을 이끌고 로마로 이주했지요. 발레리우스는 그들에게 로마 시민권을 주고 살 곳을 제공했으며, 가문을 이끌던 가부장에게는 원로원 의석을 선뜻 내주었어요. 그 소식이 퍼지자 로마로 옮겨 오는 부족들이 하나둘 늘어났어요.

★**일족** 조상이 같은 일가친척을 가리켜요.

로마가 위태로워

다시 왕이 되고 싶었어요

로마의 마지막 왕이었던 타르퀴니우스 2세는 패배했는데도 왕위를 포기할 수 없었어요. 그래서 에트루리아 부족의 왕, 포르센나에게 간청했어요.
"나를 도와주시오. 내가 다시 로마의 왕이 되면 열 배 백배로 보답하겠소."
용맹하기로 이름난 포르센나는 타르퀴니우스 2세의 간청을 들어주기 위해 직접 군사를 몰고 로마로 향했어요. 단숨에 로마에 다다른 포르센나는 병사들에게 로마의 성벽을 둘러싸고 물샐틈없이 지키라고 명령했어요.

로마 공화정

그러자 성안의 식량 창고는 점차 바닥을 드러냈어요. 이때 무티우스라는 청년이 포르센나 병사인 척 적진으로 들어가 포르센나를 죽이려 했어요. 안타깝게도 실패했지만요. 포르센나는 활활 타오르는 불길을 가리키며 거짓을 말하면 불 속에 던지겠다고 무티우스에게 말했어요.
무티우스는 다음과 같이 외친 뒤 오른손을 불 속에 집어넣었어요.
"내가 죽으면 다른 젊은이가 올 테고 그가 실패하면 또 다른 젊은이가 올 것이다. 로마에는 아직 300명의 젊은이들이 기다리고 있다."
결국 포르센나는 로마와 협상을 맺고 철수했어요.

와장창! 라틴 동맹이 깨졌어요

에트루리아 출신의 로마 왕들은 전쟁터에서 병사들을 지휘하는 능력이 뛰어났어요. 여러 전쟁을 승리로 이끌어서 주변의 여러 부족은 로마에 기댈 수밖에 없었어요. 오래전, 30여 개의 라틴 부족은 적으로부터 서로 보호하고 막아 주자며 로마를 중심으로 동맹을 맺었어요. 모두 라틴어를 사용하고 같은 신을 모시는 부족들이었으므로 훗날의 역사가들은 이들을 '라틴 동맹'이라고 불렀어요.

로마 공화정

왕이 로마에서 쫓겨나자 동맹 관계였던 라틴 부족들은 등을 돌렸어요. 로마가 아니라 로마의 왕과 동맹을 맺었다고 생각했으니까요. 오랫동안 다스리는 로마의 왕 대신 임기가 1년인 집정관의 지휘를 받는 것이 못마땅했지요. 한발 더 나아가 로마를 노리기까지 했어요. 어제의 동지가 오늘의 적으로 바뀐 셈이었지요. 로마는 왕정을 끝내고 공화정을 시작하는 혼란스러운 상황에서 이웃 부족들을 상대로 전쟁을 벌여야 했어요.

로마가 라틴 부족을 힘으로 눌렀어요

로마는 라틴 부족의 공격을 막아 내느라 한동안 눈코 뜰 새 없었어요. 그러다 점점 자리를 잡고 힘을 키운 로마는 전투에서 승리를 거두기 시작했어요. 한편 타르퀴니우스 2세는 라틴 부족을 돌아다니며 도와 달라고 호소했어요.

"내가 다시 왕이 된다면 여러 부족과 사이좋게 지내겠소."

라틴 부족은 타르퀴니우스 2세와 함께 로마를 공격했으나 로마의 막강한 군대 앞에 무릎을 꿇었어요. 타르퀴니우스 2세는 왕이 되겠다는 꿈을 완전히 접었어요.

로마 공화정

로마와 라틴 부족은 위기에 닥쳤을 때 서로 돕는다는 내용의 조약을 맺었어요.
"로마인과 라틴 부족들은 같은 하늘과 땅에 있는 한 평화 관계를 유지한다.
적의 공격을 받으면 서로 힘껏 돕고 적들에게 빼앗은 물품들은 똑같이
공평하게 나눈다."
겉으로 보기에는 평등한 조약이었으나 로마가 라틴 부족의 병사들을 소집하고
지휘했으므로 로마에 유리한 조약이었어요. 로마는 라틴 조약을 발판으로
에트루리아와 사비니, 볼스키 부족들을 정복하고 세력을 키웠어요.

로마 공화정

로마군이 땅굴을 파서 적을 무너뜨렸어요

로마는 그동안 에트루리아의 위세에 눌려 꼼짝하지 못했으나 라틴 조약을 등에 업고 에트루리아 도시들을 공격하기 시작했어요. 로마는 그중에서 국경을 맞대고 있던 베이이를 노렸어요. 이탈리아 북부로 세력을 넓히려면 이곳을 반드시 점령해야만 했어요. 그렇지만 베이이는 성벽이 높다랗고 전쟁 자금이 풍부한 곳이라서 로마의 공격은 번번이 실패로 돌아갔지요. 그때 로마에서 '전쟁의 신'이라고 불리는 카밀루스가 지휘권을 넘겨받게 되었어요. 카밀루스의 군사 작전은 누구라도 혀를 내두를 정도였지요. 베이이 성벽을 공격하는 척하며 적의 관심을 돌려놓고 땅굴을 몰래 파기 시작했답니다. 마침내 베이이의 신전까지 땅굴이 연결되자 로마군은 우르르 쏟아져 들어가 베이이를 공격했어요. 무려 10년에 걸친 전쟁 끝에 베이이는 로마의 손안에 들어갔어요. 결국 로마의 세력은 강성해지고 에트루리아는 내리막길을 걷게 되었지요.

켈트족이 우르르 몰려왔어요

에트루리아 북쪽에는 켈트족이 버티고 있었어요. 켈트족은 통일된 나라를 이루지 못하고 여러 부족으로 나뉜 채 갈리아 지역에서 살았어요. 지금의 프랑스에 해당하는 곳이지요. 로마가 에트루리아를 야금야금 무너뜨리자 켈트족은 에트루리아 지역을 짓밟으며 남쪽으로 물밀듯 내려왔어요. 켈트족에 대한 무시무시한 소문은 이미 로마 전체에 파다했어요.

"전쟁터에서 적의 목을 싹둑 자른다며? 적의 머리통이 자기들을 지켜 준다고 믿는다는군. 그래서 허리춤이나 말안장에 매달고 다닌다네."

로마 공화정

기원전 390년에 켈트족이 기병과 보병, 전차를 앞세워 쳐들어왔어요. 로마의 지휘관은 병사들에게 외쳤어요.

"그들은 흉악한 짐승이나 다름없다. 죽이지 않으면 우리가 죽는다."

병사들은 덜덜 떨었어요. 켈트족이 고함을 지르며 달려들자 로마의 병사들은 걸음아 날 살려라 하고 도망갔어요. 로마의 성문은 켈트족의 공격에 힘없이 열렸어요. 몇몇 로마인만 신성한 신전이 있는 카피톨리노 언덕으로 올라가 그곳을 지켰어요. 로마 곳곳은 쑥대밭으로 변했지요. 켈트족은 닥치는 대로 사람을 죽이거나 노예로 삼았으며 여기저기 불을 질렀어요.

로마, 다시 시작하다!

도시를 새로 단장했어요

몇 개월 뒤, 카피톨리노에서 저항하던 로마인들은 켈트족에게 몸값을 낼 테니 떠나 달라고 요청했어요. 켈트족은 무려 300킬로그램에 해당하는 무게의 금을 챙겨서 유유히 로마를 떠났어요.

켈트족의 침입은 로마인들로서는 충격이었어요. 성문 안까지 적이 들어와 짓밟은 것은 처음이었거든요. 로마인들은 신전과 원로원 의사당, 저택, 시장 등이 파괴당한 도시를 둘러보았어요.

로마 공화정

로마인들은 가장 먼저 성벽부터 쌓았어요. 성벽의 길이는 약 8킬로미터로, 다 짓기까지 20년이 걸렸어요. 성벽 곳곳에는 감시용 망루를 세우고 병사들이 망을 봤어요. 켈트족이 언제 다시 쳐들어올지 모르기 때문이었지요. 아울러 하수도까지 손봐야 했어요. 켈트족은 하수도에 시체를 던져 두는 등 아무렇게나 방치했어요. 그 바람에 로마 전체로 전염병이 번져 나갔어요. 로마인들은 하수도 위에 네모난 돌을 뚜껑으로 덮었어요. 로마는 차근차근 새롭게 건설되었어요.

이웃 부족들과 전쟁이 벌어졌어요

로마가 켈트족에 무참히 깨졌다는 소식은 라틴 부족 전체로 퍼져 나갔어요.
"그동안 큰소리를 땅땅 치더니 켈트족에게 완전히 항복했다며? 그깟 로마에 우리가 설설 기었다니."
로마 남쪽의 라틴 부족들은 로마에 맞서 싸우자며 반란을 꾀했어요.

로마 공화정

에트루리아인들 역시 로마를 칠 기회라고 생각하여 로마의 연맹이었던 사트리움을 무너뜨렸어요. 로마는 예전에 베이이를 함락했던 카밀루스 장군을 독재관으로 임명했어요. 카밀루스가 나타난 것만으로도 로마군의 사기는 크게 올라갔지요. 카밀루스는 동틀 무렵 바람이 불자 라틴 연합군의 야영지에 불을 붙인 뒤 병사들을 이끌고 적진으로 뛰어들어 단숨에 적을 물리쳤어요. 곧이어 사트리움으로 군대를 몰고 갔어요.

"에트루리아인들은 승리를 만끽하고 있을 것이다. 지체하지 말고 돌격해라."

카밀루스의 판단은 정확했어요. 술에 취한 에트루리아인들은 제대로 대항하지 못했으며 카밀루스는 사트리움을 손쉽게 되찾았어요.

로마가 강해졌어요

라틴 부족인 볼스키족 역시 호시탐탐 로마를 노렸어요. 볼스키족은 켈트족에게 힘을 합쳐 로마를 공격하자며 손을 내밀었어요. 켈트족은 군사를 일으켜 이탈리아반도로 내려왔어요. 로마인들은 20년 전에 켈트족에게 짓밟혔던 기억을 떠올렸어요. 그리고 이번에는 절대 질 수 없다며 만반의 태세를 갖췄어요.

로마 공화정

다섯 번이나 독재관으로 임명된 카밀루스는 예전의 치욕을 갚아 주겠다며 이를 갈았어요. 카밀루스의 지시에 따라 병사들은 방어용 갑옷을 입고 철제 투구를 썼어요. 황동 방패와 기다란 창을 양손에 각각 들었어요. 카밀루스는 적이 방심하고 있다는 첩보를 듣고서 동트기 전에 적진을 기습했어요. 로마군이 각종 무기와 장비를 갖춘 채 달려들자 켈트족은 달아나기 급급했어요. 볼스키족은 켈트족의 패배 소식에 바로 항복을 선언했어요.

로마가 연맹을 거부했어요

로마가 전쟁에서 연이어 승리를 거머쥘 수 있었던 까닭은 전술을 바꾸고 무기와 장비를 강화했기 때문이에요. 라틴 부족들은 더는 로마를 얕보지 못했어요. 그래서 연맹을 결성한 뒤 로마 원로원에 대표를 보내 한 가지 제안을 했어요. 라틴 부족과 로마가 똑같은 권리를 갖고 하나의 나라를 만들자는 것이었어요. 로마는 어차피 대장 노릇을 하고 있던 터라 제안을 단칼에 거절했어요.

결국 라틴 부족들은 로마에 대항해 전쟁을 일으켰어요. 전쟁에서 승리한 로마는 라틴 부족들을 동맹국으로 삼으며 새로운 관계를 맺었어요. 로마가 동맹국에 요구한 조건은 간단했어요. 전쟁이 났을 때 로마의 요구에 따라 병사들을 보내 협력하라는 것이었어요. 대신 로마는 동맹국의 자치권을 인정하고 주민들에게 시민권을 보장해 주었어요. 투표권만 없을 뿐 로마 시민으로서 권리를 누릴 수 있다는 뜻이었지요. 동맹국 제도를 통해 이탈리아반도의 라틴 부족은 로마의 영향권 안으로 들어왔어요.

로마 이야기 배움터
쉿! 최강 로마 군단의 비결

로마군은 날이 갈수록 전쟁터에서 승승장구했어요. 전사하거나 심하게 다친 병사의 수도 점차 줄어들었어요. 그 이유는 조직력과 규율을 중요하게 여겼기 때문이에요. 로마군은 혹독한 훈련과 가혹한 형벌을 마다하지 않았어요. 로마군의 훈련은 '피가 흐르지 않는 전투'라고 말할 정도로 실전이나 다름없었어요. 병사들은 실제 칼이나 창보다 두 배 무거운 훈련용 무기로 체력 단련을 했어요. 30킬로그램의 짐을 지고 5시간 안에 32킬로미터를 뛰었고요. 육상 경기장 80바퀴를 달린 셈이지요.

로마 이야기 놀이터

로마는 왕정을 끝내고 공화정을 시작하는 혼란스러운 상황에서 이웃 부족들을 상대로 전쟁까지 벌였어요. 두 그림에서 다른 부분 다섯 군데를 찾아 ○해 보세요.

로마가 밖에서 라틴 부족과 켈트족, 에트루리아인과 싸우는 동안 안에서는 귀족과 평민의 갈등이 끊이지 않았어요. 로마의 정복 전쟁으로 늘어난 영토를 어떻게 처리하느냐의 문제를 놓고 양쪽 계급은 날카롭게 맞섰어요. 평민들은 신분의 벽을 부수기 위해 갖가지 방법을 동원했어요. 전쟁터로 나가는 것을 거부하며 시위를 벌이는가 하면 다른 곳에 수도를 세우겠다고 으름장도 놓았지요. 평민들의 입김이 강해지자 귀족들도 조금씩 양보할 수밖에 없었어요.

평민도 사람이다!

이것저것 다 하지 마!

신분의 벽이 높아졌어요

로마 공화정은 귀족과 평민 계급으로 이뤄졌어요. 로물루스가 로마를 세운 뒤 힘 있는 가문의 지도자들 100명을 원로원 의원으로 임명했어요. 이들 가문의 후손들은 '파트리키'로 불리는 귀족 계급이 되었어요. 나머지 사람들은 '플레브스' 즉, 평민이라고 불렀어요. 대체로 평민은 수공업자나 상인, 가난한 농민 등이 속한 중류 이하의 계층을 가리켰어요. 세월이 흐르면서 두 계급 사이에 벽이 생겼어요. 평민과 귀족 사이에서는 결혼도 금지되었지요.

평민도 사람이다!

파트리키는 나랏일과 종교 의식을 주도하면서 많은 특권을 누렸어요. 귀족들은 자신에게 유리한 법을 만들어 더 많은 재산과 땅을 차지했어요. 그 바람에 '프롤레타리우스'라는 새로운 계층까지 생겨났지요. 당시 로마 시민들은 재산을 신고했는데, 군대에 갈 자식도 재산에 포함되었어요. 땅 한 평이나 돈 한 푼 없이 그저 군대에 갈 자식만 남아 있는 최하층 사람을 '프롤레타리우스'라고 한 거예요. 노동자를 뜻하는 '프롤레타리아'는 이 말에서 유래되었답니다.

평민은 원로원에 들어오지 마세요

공화정 초기에는 원로원에서 활동하려면 명문 귀족 출신이면서도 지혜롭고 책임감이 강하며 경험이 풍부해야 했어요. 원로원 의원들은 보수를 받지 않았으며 신전을 세우거나 도로를 닦을 때는 오히려 개인 재산을 내놓았어요. 사실 넓은 농지를 소유하고 있는 경우가 많아서 보수를 안 받아도 떵떵거리며 살았어요.

평민도 사람이다!

원로원 의원이 되기란 하늘의 별 따기였어요. 원로원 내부에서 엄격한 심사를 거쳐야 했거든요. 높은 관직에서 일했던 사람이 원로원으로 들어갈 확률이 높았어요. 따라서 관직에 오른 적도 없고 재산도 적은 평민들이 원로원 의원이 된다는 것은 상상할 수 없는 일이었어요. 공화정 초기에 원로원은 평민들에게 꽉 닫혀 있었지요.

평민은 좋은 땅을 갖지 못해요

로마군은 시민으로 이뤄졌으며 로마 시민은 주로 농민이었어요. 로마 병사들은 승리를 축하하며 집으로 돌아온 뒤, 바로 쟁기를 들고 밭으로 가야 했지요. 로마 정부는 정복하여 빼앗은 땅을 나라의 공유지로 삼았어요. 그리고 로마 시민이라면 누구나 임대료를 내고 공유지를 쓸 수 있게 했지요. 그런데 땅을 나누는 문제로 평민들의 불만이 높아졌어요. 귀족들이 점점 더 많은 땅을 차지했거든요.

평민도 사람이다!

"맙소사! 귀족들이 좋은 땅은 다 차지하고…… 우리 몫은 자갈밭뿐이군. 귀족들은 편안하게 사는데, 우리는 먹고살기가 너무나 힘들어."
"전쟁터에 나가서 죽자 사자 싸웠던 것은 우리 평민인데 왜 귀족들만 좋은 땅을 많이 갖는 거야? 울화통이 터져서 못 살겠군."
로마인들은 농사를 짓는 민족이라 땅이 곧 재산이었어요. 로마의 군인들이자 농민들은 정당한 대가를 받고 싶었어요.

평민들의 불만이 터졌어요

어떤 노인이 로마의 광장에 힘없이 누워 있었어요. 턱수염을 지저분하게 길렀고 옷은 누덕누덕 기웠으며 온몸이 상처투성이라 지나가던 사람들이 쯧쯧 혀를 차며 먹을 것을 건넸지요. 누군가 노인에게 무슨 사연으로 거리에 나앉게 되었냐고 묻자 이런 대답이 돌아왔어요.

"나는 전쟁터에 나가서 사비니인들과 맞서 싸웠다네. 몸에 생긴 상처는 그때 생긴 걸세. 오랜 세월이 흐른 뒤 고향에 돌아가 보니 집은 불에 타서 없어지고 가축은 이미 죽었더군."

"그래도 농사를 지으면 입에 풀칠은 할 수 있잖습니까?"
"밭이 잡초만 무성해서 돈을 빌려 땅을 다시 일궈야 했다네.
그러다가 빚이 자꾸 늘어나 감옥에 끌려갔지."
그 이야기를 들은 평민들은 울화가 치밀었어요.
"로마를 위해 싸워 봤자 돌아오는 것은 빚뿐이야. 승리의 달콤한 열매는 몽땅 귀족들이 차지한다니까."
평민들은 원로원들이 회의하고 있는 의사당으로 몰려가 불만을 터트렸어요.

저항의 불길

싸우자!

돌격

평민들이 창과 칼을 내려놓았어요

로마는 공화정으로 바뀐 뒤 해마다 전투를 벌였어요. 에트루리아를 비롯하여 주변의 라틴 부족들이 걸핏하면 싸움을 걸어왔거든요. 나중에는 로마 스스로 땅을 넓히려고 정복 전쟁에 나서기도 했고요.

로마 시민들은 전쟁터에 나가느라 집과 일터를 오랫동안 떠나 있곤 했어요. 귀족들은 넓은 농토를 차지하고 있어서 전쟁이 끝나고 돌아와도 먹고사는 걱정을 할 필요가 없었어요.

평민도 사람이다!

평민들은 사정이 달랐어요. 손바닥만큼 작은 땅에는 잡초가 우거지고 집은 무너져 내린 상태였어요. 결국 빚만 잔뜩 늘어났지요. 평민들은 이렇게는 못 살겠다며 원로원 의사당으로 몰려갔어요. 집정관들은 평민들을 설득하며 집으로 돌아가라고 했지만 소용없었어요. 그때 이웃 부족이 쳐들어왔다는 소식이 들려왔어요. 평민들은 전쟁터에 나가지 않겠다고 선언했지요.

집정관이 평민들에게 약속했어요

발등에 불이 떨어진 집정관 세르빌리우스는 평민들에게 약속했어요.
"전쟁터에 나가지 않는다는 이유로 시민을 감옥에 가두지 않겠소. 전투에 참여하는 동안에는 빚이 있더라도 재산을 몰수하지 않겠소. 빚을 갚지 못해 감옥에 갇힌 시민들은 모두 풀어 주겠소."
평민들은 그 약속을 믿고 전쟁터에 나가서 승리를 거두었어요.
"이제 빚에 허덕이는 일은 없겠지."
그러나 마른하늘에 날벼락 같은 소식이 들려왔어요.

평민도 사람이다!

또 다른 집정관인 클라우디우스가 이렇게 말했거든요.
"무슨 소리! 난 그런 엉터리 약속에 동의한 적이 없소. 집정관 둘이서 합의해야 할 일을 혼자서 처리했으니 무효요, 무효."
원로원은 클라우디우스의 손을 들어 주었어요. 평민들이 나랏일에 이러쿵저러쿵 끼어드는 꼴이 보기 싫었거든요. 로마 관리들은 평민들이 억지로 빚을 갚게 했으며 빚을 갚지 못한 사람들을 옥에 가두거나 노예로 삼았어요.

독재관이 평민들에게 약속했어요

평민들은 화가 머리끝까지 치밀었어요.

이듬해인 기원전 494년에 볼스키 부족과 사비니 부족이 로마로 쳐들어왔어요.

집정관이 군대를 소집했으나 평민들은 콧방귀를 뀌었어요.

"흥! 필요할 때만 손을 내미는군. 이번에는 절대 넘어가지 않겠어."

평민도 사람이다!

평민들은 전쟁에 나가지 않고 언덕에 모여서 시위를 벌였어요. 적은 로마로 거세게 밀고 들어왔어요. 발등에 불이 떨어지자 원로원은 예부터 평민들의 편이었던 발레리우스 가문의 인물을 독재관으로 세웠어요. 평민들은 언덕에서 순순히 내려와 창과 칼을 다시 들었어요. 순식간에 10개 군단이 조직되었어요. 하나로 똘똘 뭉친 로마군은 적군을 가볍게 물리쳤어요.

볼스키 살려~.

로마는 너무 강해.

평민들이 똘똘 뭉쳐 무찌릅시다!

벌벌

챙!

도시를 하나 세웁시다

독재관 발레리우스는 평민이 빚을 못 갚더라도 노예로 삼는 것을 금지하는 법을 제출했어요. 귀족 계급의 반대로 법이 통과되지 못하자 평민들은 정당한 권리를 거부당했다는 생각에 분노했어요. 그때 라틴 부족이 로마를 약탈하는 일이 벌어졌고 원로원 의원들은 평민 병사들을 그쪽으로 보내려고 했어요. 평민들은 더 이상 참을 수 없었어요.

"더는 원로원과 귀족을 믿지 못하겠소. 차라리 로마를 떠납시다. 다들 짐을 싸시오."

평민도 사람이다!

기원전 494년, 농민들뿐만 아니라 상인들과 수공업자들까지 언덕 너머 멀리 떨어진 성스러운 산으로 모여들었어요. 평민들이 떠나자 로마는 거의 모든 것이 멈췄어요. 에트루리아는 이때가 기회라고 생각해 군대를 일으키려 했어요. 원로원은 평민들을 달래 보았지만 아무도 꼼짝하지 않았어요. 오히려 산꼭대기에 요새를 세우고 도랑을 파며 새로운 도시를 건설하려고 했지요. 이를 가리켜 '성산 사건'이라고 부른답니다.

우리가 양보하겠소

다급해진 원로원은 집정관을 보내 평민들을 설득했어요.

"로마는 하나의 몸이라오. 팔이나 다리가 없다면 어떻게 살아갈 수 있겠소?"

평민들은 자신들의 노고를 인정해 주는 말에 마음이 흔들렸어요. 협상에 나선 평민들에게 원로원이 새로운 제안을 했어요.

평민도 사람이다!

"평민들의 권리를 보호해 줄 호민관 자리를 마련하겠소. 호민관은 무조건 평민 계급에서만 뽑겠소. 호민관에게 해를 입히는 자는 귀족이라도 사형에 처하겠소. 이제부터 로마 시민은 빚을 갚지 못한다고 노예가 되는 일은 절대 없을 것이오. 또한 잘못을 저질러도 채찍질로 벌을 내리지 않겠소. 전쟁터에 간 시민의 재산을 빼앗는 행위는 금지하리다."

마침내 평민이 귀족과 평등해질 수 있는 발판이 마련되었어요.

제2의 수도를 만듭시다

기원전 396년, 에트루리아의 도시인 베이이를 점령한 로마 군인들은 눈이 휘둥그레졌어요. 도시 전체가 질서 정연하고 반듯한 모습이었거든요. 건축 기술이 뛰어난 에트루리아인들이 지은 도시라서 로마보다 튼튼해 보였어요. 베이이에 대한 소문을 들은 로마 평민들은 무릎을 탁 쳤어요.

"그래, 우리가 베이이로 가서 살면 어떨까? 로마와 아주 가깝잖아. 베이이를 제2의 수도로 삼는 거야."

귀족들은 펄쩍 뛰었어요.

평민도 사람이다!

귀족과 평민의 주장이 팽팽히 대립할 때 켈트족이 쳐들어와서 로마를 쑥대밭으로 만들었어요. 귀족들은 전쟁에서 패배한 이유를 로마를 떠난 평민들에게 돌렸어요.
"이게 다 신들의 거처인 로마를 버리고 다른 도시로 간 평민들 때문이야. 신들이 벌을 내린 거라고. 로마를 버리면 로마인이 아니지."
평민들은 베이이로 떠나겠다는 생각을 접었어요. 한편 귀족들은 평민들이 로마에 얼마나 중요한 존재인지 깨달았어요.

평민도 사람이다!

평민의 정치 참여

호민관의 입김이 세졌어요

귀족들이 차지했던 원로원 회의에 드디어 평민 출신인 호민관이 얼굴을 내밀었어요. 처음에 2명뿐이던 호민관은 10명으로 늘어났어요. 이제 평민들은 호민관을 통해 원로원 회의를 소집할 수 있고 심지어 원로원의 결정에 반대하는 것도 가능했어요. 지위가 높은 정치가를 고발해 평민들로만 이뤄진 법정에 세울 수도 있었어요. 또 집정관이 만든 법을 거부할 권리도 갖게 되었어요.

평민의 대표인 호민관의 권력은 로마 공화정의 최고 통치자인 집정관과 맞먹을 정도였어요. 호민관은 언제라도 평민의 하소연을 들어 줘야 할 의무가 있어서 집의 대문을 늘 열어 놓았지요. 뿐만 아니라 평민회의 허락 없이는 로마 성벽 밖으로 나가지 못했어요. 평민이 언제라도 기댈 수 있는 든든한 버팀목이 마련된 셈이지요.

법을 글로 남겼어요

입에서 입으로 전해지는 법을 '불문법'이라고 하고
글로 남긴 법 조항을 '성문법'이라고 해요.
'빚을 갚지 못해도 노예로 만들지 않겠다.'라고 백번 말하는 것보다
글로 써서 남기는 편이 훨씬 확실하지요.
초기 로마 공화정의 법은 귀족 계급만 알 수 있었으며
불문법이었어요.

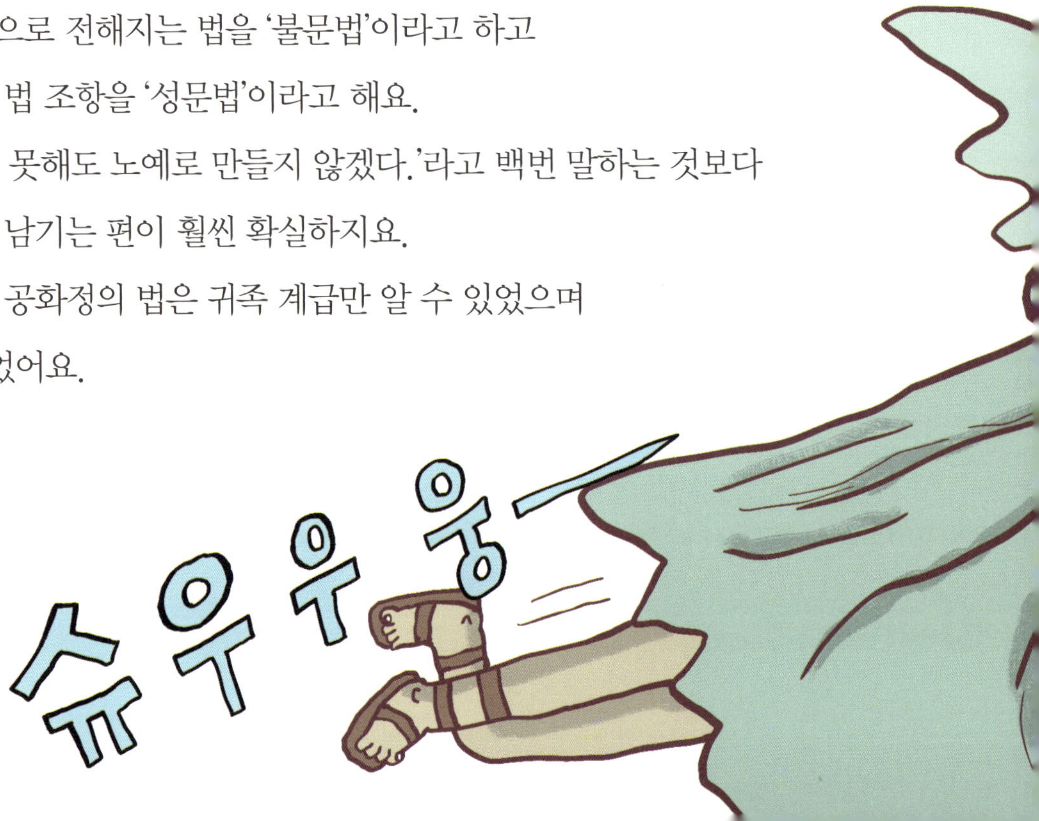

평민도 사람이다!

법의 내용도 평민에게 무척 불리했어요. 평민들은 자기들도 법의 내용을 알게끔 법전을 만들어 널리 알려야 한다고 주장했으나 귀족들은 묵살했어요. 그러다 기원전 450년경에 법을 만드는 위원회가 구성되었어요. 위원들은 10개의 조항으로 이뤄진 성문법을 처음으로 만들었어요.

12표법을 만들었어요

기원전 449년, 평민들이 다시 한번 성산에 모여 시위를 벌였어요. 그 결과 법을 새로 만들고 글을 남기게 되었어요. 사람들은 그렇게 마련된 12표법을 동판에 새겨 광장에 세워 놓았어요. 아쉽게도 켈트족이 습격해 로마를 약탈했을 때 모두 파괴되어 지금은 남아 있지 않지요.

평민도 사람이다!

12표법은 가족과 상속, 재산, 결혼, 범죄 등을 다루었어요. 예를 들어 '빚을 갚으라고 판결을 받은 자는 30일 내에 반드시 돈을 갚아야 한다. 빚을 갚지 않은 자는 다른 지역에 노예로 판다.' 등의 내용을 동판에 새겼어요.

평민의 지위가 차츰 높아졌어요

12표법에서도 평민과 귀족의 결혼은 금지되어 있었어요. 12표법이 세상에 나온 지 4년이 흘렀을 때 호민관인 카눌레이우스가 귀족과 평민의 결혼 금지 조항을 없애는 법을 제출해 통과시켰어요. 그러자 몇 년 뒤에는 부유한 평민 집안과 귀족 가문이 혼인으로 맺어지기도 했어요.

기원전 367년에는 호민관 리키니우스와 섹스티우스가 제안한 법이 통과되어 최초로 평민 출신이 집정관에 뽑혔어요. 그로부터 10년이 흐르자 평민 출신의 독재관이 등장했어요. 또한 빚을 갚지 못한다고 자유를 빼앗아서는 안 된다는 법도 생겨났지요. 기원전 287년에는 평민 출신의 독재관, 호르텐시우스가 제출한 법이 민회에서 통과되었어요.

"평민회에서 결정된 법안은 원로원의 허락 없이도 로마 전체에 적용된다."

평민회도 독자적으로 법을 만들고 통과시킬 수 있다는 뜻이었지요. 공화정 말기에 독재관인 술라는 평민의 권리가 지나치게 커졌다며 호르텐시우스법을 폐지할 정도였어요.

로마 이야기 배움터

군주정과 공화정은 어떻게 다를까?

최고 권력을 가진 군주가 국가의 중요한 일을 결정하는 정치 체제가 군주정이에요. 군주의 호칭은 왕이나 황제 등으로 나라마다 달라요. 이 호칭에 따라 나라를 왕국과 제국, 공화국 등으로 부를 수 있어요. 군주정을 실시하던 나라들은 근대 이후에 공화정으로 바뀌는 경우가 많았어요.

공화정은 군주정과 완전히 다른 체제예요. 공화정은 국민이 선출한 대표자들이 뜻을 모아 나라를 통치하는 체제를 가리켜요. 고대 로마에서는 왕을 몰아낸 후 귀족들이 나라를 이끌었어요. 따라서 귀족 공화정이라고 할 수 있지요. 오늘날에도 영국이나 에스파냐, 사우디아라비아, 태국, 부탄 등 몇몇 나라에 왕이나 여왕이 존재하고 있어요. 그렇지만 사실상 주권이 국민에게 있으므로 공화정이나 다름없어요. 우리나라는 헌법 제1조 제1항에 '대한민국은 민주 공화국이다.'라고 선언하고 있어요.

로마 이야기 놀이터

로마가 국가의 틀을 다지는 동안 안으로는 귀족과 평민의 갈등이 끊이지 않았어요. 다음 중 틀린 설명을 두 개 골라 네모 칸에 ✓해 보세요.

로마 공화정은 귀족과 평민 계급으로 이뤄졌어요.

성산 사건을 계기로 호민관 제도가 정착되었어요.

평민을 대표하는 집정관들이 원로원 회의에 참여했어요.

기원전 449년, 성산 사건 때 원로원과 평민 계급이 합의한 2개의 조항을 성문법에 추가해 10표법이 완성되었어요.

평민들은 지나치게 높은 신분의 벽을 부수기 위해 여러 방법을 동원했어요.

공화정으로 바뀐 로마는 여기저기서 침략당하는 신세가 되었어요. 그러나 새로운 전투 기술을 익히고 전략을 강화해 이내 이웃 나라들을 무찌르기 시작했어요. 그리고 공화정으로 바뀐 지 160년쯤 지나자 로마는 주변의 여러 부족을 쥐락펴락했어요. 하지만 그것만으로 만족하지 못한 로마는 대규모 군단을 꾸려 정복 전쟁에 나섰답니다. 세 차례에 걸쳐 벌어진 삼니움 전쟁과 피로스와의 전쟁으로 이탈리아반도를 통일한 로마의 이야기 속으로 들어가 보아요.

티격태격 이탈리아반도

삼니움 전쟁

로마군이 산으로 들어갔어요

이탈리아 중부에서 남부에 걸친 산악 지대에 삼니움족이 살고 있었어요. 삼니움족은 자원이 풍부한 카푸아 지역을 탐냈어요. 카푸아 지역 사람들은 삼니움족이 자꾸 쳐들어오자 로마에 동맹을 맺자고 제안했어요. 이에 로마가 카푸아로 지원군을 보내면서 로마와 삼니움 사이에 전쟁이 시작되었어요. 로마는 삼니움족을 손쉽게 이길 줄 알았어요. 삼니움족은 통일 국가가 아니었고 전쟁을 일삼지도 않았거든요.

티격태격 이탈리아반도

예상 외로 로마군은 삼니움족과 전투할 때 쩔쩔맸어요. 주로 평야에서 전투하다가 갑자기 산악 지대에서 싸우려니 무척 버거웠던 거예요. 삼니움족은 골짜기나 산비탈에서 튀어나오는 게릴라 전략으로 로마군에 대항했어요. 전쟁이 3년 동안 이어지자 로마인들은 지친 나머지 불만이 높아졌어요. 결국 원로원은 삼니움족과 협상을 맺고 전쟁을 끝냈어요.

제2차 삼니움 전쟁이 터졌어요

그로부터 15년이 지난 뒤 카푸아 지배권을 두고 로마와 삼니움이 다시 부딪쳤어요. 로마군은 삼니움족이 버티고 있는 산악 지대에서 줄곧 싸웠어요. 전쟁이 5년쯤 접어들었을 때 삼니움족이 풀리아 평원에 모여 있다는 소식이 들려왔어요. 사실 삼니움족은 풀리아 평원이 아니라 산속에 숨어서 로마군을 기다리고 있었어요.

로마군은 그런 사실을 모른 채 좁다란 산길로 접어들었어요. 산골짜기를 막 벗어나려는데 삼니움족의 화살이 비 오듯 쏟아졌어요. 지휘관은 후퇴를 명령했으나 골짜기 뒤에서도 삼니움족이 가로막고 있었지요.

티격태격 이탈리아반도

1만 명에 이르는 로마 병사들은 산골짜기에 꼼짝없이 갇히고 말았어요. 그러자 열흘 뒤에 식량이 바닥났어요. 로마군은 싸우다 죽는 게 아니라 굶어 죽을 판이었지요. 기병들의 말까지 잡아먹고 나자 더는 버틸 수가 없었어요. 결국 로마군은 백기를 들었어요. 삼니움족은 칼과 창을 버린 로마군에게 갑옷까지 벗으라고 명령했어요. 로마군은 속옷 차림으로 엎드린 채 기어야 했지요. 게다가 양쪽에 늘어선 삼니움 병사들로부터 욕설을 듣거나 창에 찔렸어요. 이 소식을 들은 로마군은 주먹을 불끈 쥐며 삼니움족에게 복수를 다짐했어요.

왜 패배했는지 따져 보았어요

로마인은 전투에서 패배하면 제 몫을 해내지 못했다는 생각에 무척 수치스러워했어요. 명예를 중요시하는 로마인에게 그보다 더한 형벌은 없었어요. 그러니 전쟁터에서 지고 돌아온 지휘관이나 병사에게 벌을 줄 필요가 없었지요. 삼니움족에게 진 로마군들은 치욕을 갚아 주겠다며 훈련을 거듭하고 새로운 전투 기술을 익혔어요.

마침내 로마군은 낡은 전략을 버려야 한다는 결론에 이르렀어요. 이제껏 수만 명의 군단이 총지휘관의 명령을 따르다 보니 시간이 걸릴 수밖에 없었어요. 따라서 장군들이 상황에 따라 부대를 각자 지휘하도록 작전을 바꿨어요. 또한 삼니움족이 쓰던 창의 우수성을 인정하고 로마군에 도입했어요. 무엇보다 게릴라 전술을 습득해 전투에서 활용했어요.

삼니움족과 다시 맞붙었어요

로마군이 복수의 칼을 갈고 있을 때 카푸아 지역 사람들이 삼니움족과 동맹을 맺었다는 소식이 들려왔어요. 카푸아 지역 사람들은 로마군이 패배했다는 소식을 듣고 삼니움족에게 돌아섰던 거예요. 로마는 카푸아 지역을 발판으로 삼아 이탈리아 남부로 뻗어 나갈 생각이었어요. 따라서 카푸아 지역을 삼니움족에게 내줄 수 없었어요. 로마군은 단숨에 카푸아 지역을 정복했어요.

티격태격 이탈리아반도

로마군의 다음 목표는 삼니움이었어요. 그러나 예전처럼 병력을 이끌고 산으로 들어가는 것은 피했어요. 대신 삼니움족의 지배를 받는 부족들을 하나씩 로마의 동맹국으로 삼았어요. 삼니움족은 활동 지역이 줄어들자 점점 깊은 산으로 들어갈 수밖에 없었지요. 마침내 로마군은 삼니움족 전체를 포위하기에 이르렀어요. 삼니움족이 로마에 협상을 제안하면서 제2차 삼니움 전쟁은 막을 내렸어요.

제3차 삼니움 전쟁

로마가 비상사태를 선언했어요

삼니움족은 예전처럼 이탈리아 중부를 독차지하고 싶었어요. 그러나 6년 전에 제2차 삼니움 전쟁을 치른 탓에 병사들이 무척 부족했어요. 그래서 이웃 도시인 루카니아에 동맹을 맺자고 제안했어요. 루카니아가 계속 거절하자 삼니움족은 군대를 이끌고 쳐들어갔어요. 루카니아의 요청에 따라 로마군이 대신 싸웠으나 승리의 여신은 삼니움의 손을 들어 주었어요. 로마 병사들은 거의 다 목숨을 잃었지요. 삼니움족이 로마군을 무찔렀다는 소식에 원로원은 비상사태를 선언했어요.

로마야, 너희는 우리를 못 이겨!

원로원은 젊은 남자들뿐만 아니라 40세에서 60세에 이르는 나이 든 남자들까지 소집해 모두 4만여 명의 병력을 갖추었어요. 그리고 전투 경험이 풍부한 파비우스와 데키우스를 집정관으로 선출한 뒤 로마군의 지휘를 맡겼어요. 삼니움 병사들은 로마를 향해 행군하는 중이었어요. 파비우스와 데키우스는 삼니움족과 싸울 때 기습 작전을 펼치기로 뜻을 모았어요. 즉 삼니움족의 게릴라 전술을 따라할 셈이었지요.

로마는 연합군과 맞서야 했어요

그런데 삼니움족만 로마를 노리는 것이 아니었어요. 오래전에 로마를 쑥대밭으로 만들었던 켈트족도 단단히 벼르고 있었어요. 에트루리아인 역시 켈트족과 손을 잡고 로마의 북쪽을 위협했어요. 로마의 동쪽에 사는 움브리아인도 로마를 공격 목표로 삼았어요. 로마는 북쪽과 동쪽, 남쪽에서 연합군의 공격을 받게 되었어요.

연합군은 작전 회의를 열어 한꺼번에 로마군과 맞서기보다 나눠서 공격하기로 뜻을 모았어요. 켈트족과 삼니움족이 먼저 로마군을 치고 나면 움브리아인과 에트루리아인이 그 뒤를 따르기로 했어요.

작전대로 켈트족과 삼니움족은 각각 왼쪽과 오른쪽에서 로마군을 공격했어요. 4만여 명의 로마군도 둘로 나뉘었어요. 파비우스가 삼니움족을 맡고 데키우스는 켈트족을 상대하기로 했어요.

집정관들이 로마군을 이끌었어요

로마의 집정관인 파비우스는 처음에 적의 공격만 막으며 소극적으로 전투에 임했어요. 삼니움 병사들의 기운이 떨어지면 그때 총력전을 펼칠 생각이었거든요. 특히 총력전에 투입할 기병대는 힘을 아껴 시간이 흘러도 쌩쌩했어요. 전투는 로마군에게 유리한 쪽으로 진행되었지요.

데키우스가 이끄는 로마군은 켈트족을 상대로 처음부터 총력전을 펼쳤어요. 보병이 밀리자 재빨리 기병대까지 전투에 나섰어요. 그러나 로마 기병대는 용감무쌍한 켈트족 기병대의 적수가 되지 못했어요. 로마의 기병들이 공격을 받고 말에서 땅으로 떨어졌어요. 놀란 말들은 껑충껑충 뛰다가 뒷발로 로마군을 짓밟기도 했어요. 로마군은 눈앞에 펼쳐진 혼란스러운 상황에 그만 겁이 났어요.

엎치락뒤치락 싸웠어요

데키우스 집정관은 패배가 확실해지자 적진으로 뛰어들며 외쳤어요.
"지하와 대지의 신들이시여, 제 목숨을 바치겠나이다. 로마를 승리로 이끌어 주소서."
이에 달아나던 병사들은 마음을 가다듬고 다시 적과 맞서 싸웠어요. 그러자 놀라운 일이 벌어졌어요. 로마군의 기세가 올라가기 시작한 거예요. 로마군은 정신없이 도망가는 켈트족을 끝까지 쫓아가서 죽였어요.

한편 파비우스는 기병대를 투입해 적의 보병대를 양쪽에서 공격했어요. 삼니움족은 뿔뿔이 흩어져 달아났어요. 게다가 삼니움족의 지휘관까지 전사하자 병사들은 우왕좌왕 갈피를 잡지 못했어요. 이날의 전투에서 켈트족과 삼니움족은 2만 8천여 명의 병사가 목숨을 잃은 반면 로마군 전사자는 9천여 명에 불과했어요. 그러나 안타깝게도 이튿날, 데키우스 집정관은 차디찬 시신으로 발견되었어요.

로마가 이탈리아 중부를 장악했어요

켈트족은 북쪽으로 완전히 후퇴했어요. 움브리아인과 에트루리아인도 로마의 동맹국이 되겠다고 조약을 맺었어요. 삼니움족은 그 뒤로도 한참 버티다가 마침내 두 손을 들고 로마에 항복했어요. 로마는 삼니움도 동맹으로 삼았어요. 삼니움족이 사는 산악 지대 한가운데에 로마 시민들이 이주할 식민지가 세워졌어요.

세 차례나 벌어진 삼니움 전쟁을 끝으로 로마는 이탈리아 중부를 완전히 손에 넣었어요. 얼마 뒤 로마에서 삼니움족이 사는 곳까지 도로가 연장되었어요. 로마는 이 도로를 기반으로 이탈리아 남부까지 뻗어 나갈 생각이었지요. 이탈리아 남부에는 해안을 끼고 번영을 누리는 도시들이 있었거든요.

로마 이야기 배움터

2천 년 전의 로마 도로를 만나 보아요

로마에서 카푸아까지 도로를 건설하자.

로마
카푸아

2천 년 전의 로마 도로를 지금도 쌩쌩 달릴 수 있어요. 이탈리아 중부에서 남부까지 연결된 아피우스 가도는 고대 로마 시대에 완성되었는데 아직도 멀쩡하거든요.

삼니움족과 전쟁을 벌일 때 길이 너무 험해서 식량과 병력을 제때 보급하지 못했어요. 이탈리아 남부를 정복하려면 길부터 닦을 필요가 있었지요. 감찰관 아피우스는 기원전 312년에 로마에서 카푸아까지 도로를 건설하기 시작했어요.

아피우스 가도

넓은 도로를 따라 이동한 대규모의 군단은 좀 더 수월하게 삼니움을 정복했어요. 로마의 세력이 커지면서 아피우스 가도는 이탈리아의 항구 도시인 브린디시까지 연장되었어요. 그 결과 로마는 남부 해안의 타렌툼까지 손에 넣을 수 있었지요.

감찰관 아피우스의 이름을 딴 아피우스 가도는 고대 로마의 가장 중요한 도로가 되었어요. 훗날 로마가 그리스로 뻗어 나갈 때도 그 역할을 톡톡히 해냈어요. 아피우스 가도는 약 8미터 너비에 563킬로미터 길이로, 서울에서 부산까지 거리를 훌쩍 넘는답니다.

○ 브린디시

미래까지 내다본 내 선견지명 아니겠소?

아피우스의 관

로마인과 그리스인의 대결

이탈리아반도에 그리스인들이 살았어요

로마와 그리스는 아드리아해를 사이에 둔 이웃이었어요. 로마가 삼니움족과 전쟁을 벌이던 기원전 340년 무렵에는 그리스가 번창해 인구가 늘어났어요. 그리고 수많은 그리스인이 아드리아해를 건너 이탈리아 남부 해안에 정착했어요. 그리스에서 배를 타고 세 시간만 가면 닿을 정도로 이탈리아반도는 가까웠지요. 그리스인들은 이탈리아 해안에 새로운 도시를 세웠어요. 그리고 바다의 신 포세이돈의 아들 이름을 따서 '타라스'라고 이름을 붙였어요. 타라스는 얼마 뒤 '타렌툼'으로 불리었고 지금은 '타란토'로 바뀌었어요.

타렌툼은 국제적인 항구 도시로 이름을 날렸어요. 이탈리아 남부에서 가장 강력한 육군과 해군을 자랑했으며, 지중해 각지의 농산물과 공예품을 그리스에 팔아 부유해졌어요. 그렇지만 시민들이 무역에 치중하면서 병력이 약해졌고 이를 외부에 의존했어요. 타렌툼의 그리스인들은 다른 도시의 공격을 받으면 그리스반도의 다른 나라들에게 도움을 청했어요. 로마는 바다와 떨어진 도시라서 군대 역시 보병과 기병으로 이뤄진 육군만 있을 뿐 해군이나 전투에 쓰이는 배인 함선을 갖추지 않았어요. 항구 도시인 나폴리와 동맹이었으므로 필요할 때마다 함선을 빌렸지요.

타렌툼에 전쟁을 선포했어요

그러던 어느 날, 로마군은 무장한 병사들과 식량을
함선 열 척에 싣고 남부 해안의 도시로 향하던 도중에
우연히 타렌툼 항구로 들어섰어요. 마침 축제여서
바닷가에서 연극 등을 펼치던 타렌툼 주민들은 화들짝
놀랐어요. 당장 해군을 동원해 로마 함선을 공격했지요. 그 바람에
로마 함선 다섯 척이 가라앉고 수많은 병사가 물에 빠져 죽었어요.
또한 붙잡힌 함선에 탄 병사들은 포로가 되었어요. 로마는 사절단을 보내
타렌툼 항구를 침략한 것이 아니라며 로마 병사들을 풀어 달라고 했어요.

타렌툼이 사절단의 요구를 거부하자 로마는 전쟁을 선포했어요. 군사력이 약했던 타렌툼은 그리스 도시 국가인 에페이로스의 왕, 피로스에게 도와 달라고 부탁했어요.

"로마를 공격해 준다면 35만 명의 보병과 2만 명의 기병을 준비해 놓겠소."

뛰어난 지휘관으로 이름을 날렸던 피로스는 그리스 정복을 꿈꾸었기에 귀가 솔깃했어요. 타렌툼을 도와 로마를 물리치고 풍요로운 시칠리아까지 차지하면 그리스 정복에 필요한 자금을 마련할 수 있다고 생각했지요. 피로스는 타렌툼의 제안을 덥석 받아들였어요.

티격태격 이탈리아반도

뿌우! 코끼리가 나타났어요

기원전 280년, 피로스는 2만 5천여 명의 병사와 코끼리 18마리를 이끌고 타렌툼으로 건너갔어요. 막상 도착해 보니 타렌툼이 약속했던 35만 명의 병사는 그림자도 찾을 수 없었어요. 피로스는 어쩔 수 없이 자신이 데려온 병사들만으로 전투를 준비했어요. 로마군은 피로스가 도착했다는 소식을 듣고 5만 명의 병력 중 절반을 떼어 타렌툼으로 보냈어요. 나머지 병력은 북쪽의 에트루리아를 무찌르고 로마를 방어하는 데 필요했으니까요.

로마로 올라가던 피로스는 남부 해안으로 향하던 로마군과 맞닥뜨렸어요. 양측의 병력은 비슷한 수준이었어요. 피로스는 코끼리를 군대의 양쪽 날개에 배치했어요. 로마군 기병들은 코끼리의 공격에 우수수 나가떨어졌어요. 그 틈을 노리고 피로스의 기병대가 로마군의 뒤로 돌아가서 창을 휘둘렀어요. 로마군은 사망자가 7천여 명에 이르렀으나 피로스 부대의 전사자는 4천여 명이었지요. 로마인들은 강을 건너 달아났어요.

피로스는 전투에서 승리했어요

이듬해인 기원전 279년, 로마군은 약 4만여 명의 병력을 비롯해 소가 끄는 전차까지 동원하여 피로스 군대에 맞섰어요. 전차에 올라탄 병사들은 긴 창으로 코끼리를 공격했어요. 그러자 코끼리에 타고 있던 병사들이 전차에 창을 퍼부었어요. 로마군이 이리저리 흩어진 순간 피로스는 기병들을 돌격시켰어요. 로마군은 뒤도 돌아보지 않고 달아났지요. 로마군의 전사자는 8천여 명인 반면에 피로스군은 3천여 명이었어요.

티격태격 이탈리아반도

"이탈리아를 떠나시오."

"까짓것, 떠날게요."

피로스는 전투에서 이겼는데도 고민이 깊어졌어요. 로마군은 금세 병력을 보충했지만 피로스의 병사들은 계속 줄어들었거든요. 게다가 많은 장교가 목숨을 잃었어요. 피로스는 고개를 저으며 말했어요.

"이렇게 승리해 봤자 망할 게 뻔해."

그래서 로마에 협상을 제안했어요.

"이탈리아 남부 해안의 그리스 도시들을 침입하지 않겠다고 약속해 주시오."

로마는 피로스가 이탈리아에 머무는 한 협상할 마음이 없다며 거절했어요. 피로스는 두 번의 전투에서 승리했으나 전사자가 많아 전쟁을 계속할 의지가 꺾여 로마를 떠나기로 결심했어요.

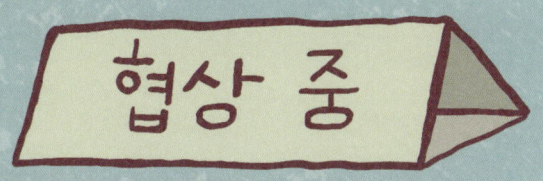

로마가 이탈리아반도를 통일했어요

피로스가 그리스로 떠난 뒤 로마는 타렌툼을 압박했어요. 기원전 272년 타렌툼은 로마에 무릎을 꿇었어요. 타렌툼이 무너지자 이탈리아 남부의 다른 도시들도 로마에 항복했어요. 로마는 타렌툼을 포함해 이탈리아 남부의 도시들과 동맹을 맺었어요. 각 도시의 자치를 인정해 주는 대신 필요할 때 군사적으로 원조하겠다는 약속을 받아 냈지요. 로마인들은 피로스와의 전투에서는 졌지만 사실상 승리한 것이나 다름없었어요.

마침내 이탈리아의 도시들은 모두 로마에 항복했어요. 조그만 도시로 출발했던 로마는 최초로 이탈리아반도를 통일한 강대국이 되었어요. 로마가 강대국이 될 수 있었던 이유를 꼽자면 정복한 민족에게 온건한 태도를 취했기 때문이에요. 동맹국으로 삼은 나라에 세금을 많이 매기거나 로마의 문화를 강요하지 않아서 동맹국은 로마에 스스로 협조했어요. 로마의 명성은 이탈리아반도를 넘어 지중해까지 자자했어요.

로마 이야기 놀이터

로마는 여러 부족과 싸우는 동안 전투 기술을 익히고 전략을 강화하여 이웃 나라들을 무찌르기 시작했어요. 다음 장면 속에 숨어 있는 그림을 다섯 개 찾아보아요.
(숨은 그림: 빗자루, 새, 버섯, 물고기, 숟가락)

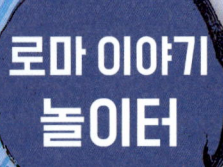

이탈리아반도를 쥐락펴락하게 된 로마인들 앞에 푸른 지중해가 모습을 드러냈어요. 지중해의 북쪽은 유럽, 남쪽은 아프리카, 동쪽은 아시아와 맞닿아 있어서 오래전부터 지중해를 통해 문명이 빠르게 전파되고 무역이 활발하게 이뤄졌어요. 게다가 지중해 연안은 대부분 기름진 땅이라 이집트와 메소포타미아, 그리스 지역의 여러 민족은 지중해를 차지하려고 눈에 불을 켤 수밖에 없었지요. 이제 강대국으로 발돋움한 로마도 지중해가 탐이 났어요.

더 넓은 세상을 향해

지중해를 로마의 품에

지중해를 넘보면 큰일 나요

그 무렵 지중해의 권력은 카르타고가 쥐고 있었어요. 아프리카 북부의 카르타고는 강력한 해군을 앞세워 지중해 무역을 독차지했어요. 카르타고의 위세는 대단했지요. 로마와 카르타고가 맺은 조약을 살펴보면 로마 선박은 시칠리아 서부와 아프리카 북부 해안에 닻을 내리는 것만 가능할 뿐 다른 항구에 얼씬거리지 못했어요. 반면에 카르타고 선박은 로마와 가까운 라치오 항구만 제외하고 나머지 항구에 맘껏 드나들었어요.

더 넓은 세상을 향해

로마가 이탈리아반도 중부를 장악했던 시절에도 크게 달라지지 않았어요. 카르타고는 로마가 지중해 서쪽에서 무역 활동을 하면 안 된다고 으름장을 놓았어요. 로마는 카르타고의 불평등한 요구를 순순히 받아들였어요. 카르타고가 로마보다 강대국이었으니까요. 로마인들은 한숨을 쉬며 이렇게 투덜댔어요.

"참 나! 카르타고의 허락이 없으면 우리 로마인들은 지중해에서 손도 못 씻겠구먼."

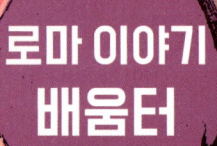

로마 이야기 배움터

카르타고가 제일 잘나가!

짤랑 짤랑

돈 줄 테니 카르타고를 위해 싸울래?

카르타고

카르타고는 로마 따위는 우습게 여길 만큼 부유한 강대국이었어요. 바다 건너 왼쪽에는 천연자원이 풍부한 에스파냐가 있고 오른쪽에는 눈부신 문화를 꽃피운 그리스가 자리 잡았으니 지리적으로 최고의 위치였어요. 또한 드넓은 들판에는 곡식들이 잘 영글어서 카르타고 지역 사람들은 풍족하게 살았어요. 카르타고는 나라에 돈이 충분했으므로 육군과 해군을 앞세워 영토를 넓히는 데에도 힘을 쏟았지요.

그런데 인구수가 부족해 병사 모집에 어려움을 겪자 돈을 주고 다른 나라의 병사들을 데려왔어요. 그 병사들로 군대를 꾸려 이집트의 해안 지대와 지중해의 시칠리아 서쪽을 점령했으며 마침내 유럽 대륙의 에스파냐까지 손에 넣었지요. 경제력뿐만 아니라 군사력까지 갖춘 카르타고에 맞설 나라는 거의 없었어요.

시칠리아는 지중해의 심장이에요

지중해에는 수십 개의 섬이 있어요. 오늘날 2천 명 이상의 주민이 거주하는 섬만 헤아려 보더라도 50개가 넘는답니다. 그중에서도 가장 큰 섬이 시칠리아예요. 제주도의 14배에 이를 정도로 큰 섬이지요. 사람들은 지중해 한복판에 자리 잡은 시칠리아를 가리켜 '지중해의 심장'이라고 불렀어요.

북아프리카

시칠리아는 일 년 내내 따뜻하고 비가 적당히 내려 땅이 기름졌어요. 지중해 주변의 주민들을 먹여 살릴 만큼 밀이 잘 자랐고 해산물도 풍부했지요. 사실 지중해와 접한 나라들이 예전부터 시칠리아에 눈독을 들인 이유는 따로 있었어요. 시칠리아는 북아프리카와 이탈리아반도 사이에 놓여 있어서 전략적으로 꼭 필요한 곳이었어요. 북아프리카의 나라들이 유럽에 진출하거나 유럽의 국가들이 북아프리카로 뻗어 나갈 때 징검다리 역할을 했거든요.

발끝에 닿을락 말락 했어요

이탈리아 남부 해안을 차지한 로마인들 앞에 지중해가 펼쳐졌어요. 그리고 발만 뻗으면 닿을 만한 곳에 시칠리아가 보였어요. 시칠리아는 장화 모양을 한 이탈리아반도의 발끝에 위치했거든요. 오늘날 이탈리아반도에서 여객선을 타고 20분만 가면 시칠리아에 도착한답니다. 이탈리아 정부는 시칠리아와 본토를 연결하는 다리를 건설하려고 하기도 했어요.

시칠리아가 로마에 손짓했어요

시칠리아의 서쪽은 카르타고가 지배하고 있었어요. 동쪽은 메시나와 시라쿠사라는 도시 국가가 자리 잡고 있었고요. 두 나라는 그리스인들이 건설한 식민 도시였어요. 메시나는 이웃 나라인 시라쿠사의 공격을 받고 있었어요. 도움이 필요했던 메시나는 카르타고와 로마를 저울질하다 로마의 원로원에 도움을 청했어요.

로마 원로원은 고민에 휩싸였어요. 메시나는 로마의 동맹국이 아니었거든요. 게다가 메시나로 가려면 바다를 건너야 했는데 변변한 배 한 척 없는 로마로서는 모험이나 다름없었지요.

결국 로마 원로원은 메시나를 돕기로 했어요. 메시나가 카르타고와 동맹을 맺으면 로마는 시칠리아와 지중해를 포기해야 하니까요.
아피우스 집정관이 1만 7천여 명의 병사들과 메시나 해협을 건너 시칠리아에 도착했어요. 그리고 시라쿠사에 협상을 제안했는데 시라쿠사는 로마의 제안을 거절하고 카르타고에 손을 내밀었어요. 로마로서는 전투를 시작할 명분이 생긴 셈이지요. 당시에는 이 전투가 자그마치 120년 동안 이어질 포에니 전쟁의 시작이 될 줄은 아무도 몰랐어요.

포에니 전쟁

시칠리아에서 전쟁이 시작되었어요

기원전 264년, 아피우스 집정관이 이끄는 로마군은 시라쿠사 군대와 맞붙었어요. 시라쿠사 병사들은 뿔뿔이 흩어졌고 시라쿠사 군주는 남쪽으로 달아났어요. 아피우스 집정관은 여세를 몰아 서쪽에 진을 친 카르타고군을 공격했어요. 카르타고군은 별다른 저항을 하지 못하고 후퇴했어요. 시라쿠사 군주는 결국 로마에 협상을 제안했어요. 로마는 관대한 조건으로 시라쿠사와 동맹 관계를 맺었어요. 시라쿠사는 약간의 배상금을 내는 대신 그 지역을 다스릴 수 있는 권리인 자치권과 독립을 보장받았어요.

더 넓은 세상을 향해

로마와 시라쿠사가 동맹을 맺고 나자 카르타고는 시칠리아를 빼앗길까 봐 불안했어요. 그래서 육군과 해군을 합쳐 4만 명에 이르는 병력을 시칠리아 남쪽의 아그리젠토에 상륙시켰어요. 이에 2명의 집정관이 이끄는 로마의 4개 군단은 아그리젠토에 주둔한 카르타고군을 포위했어요. 카르타고군은 다른 도시로 달아났고 주민만 남은 아그리젠토는 며칠 뒤에 함락되었지요. 카르타고의 식민 도시나 다름없던 아그리젠토가 로마의 손에 넘어가자 두 나라의 정면 대결은 피할 길이 없어졌어요.

진작에 그렇게 나왔어야지.

로마의 3단층 갤리선

로마는 변변한 함선도 갖추지 못했어요

로마군은 카르타고가 지배하던 시칠리아 내륙의 도시들을 하나둘 점령했어요. 그렇지만 카르타고의 병사와 보급품이 해안 도시를 통해 계속 지원되는 바람에 점령한 도시들을 자꾸 빼앗겼어요.

로마가 시칠리아를 독차지하려면 카르타고의 함선이 오가는 지중해 뱃길을 막아야 했어요. 로마는 해군의 중요성을 깨달았어요.

카르타고의 5단층 갤리선

당시 로마가 가진 함선이라고는 3층의 단으로 이루어진 3단층 갤리선이 전부였어요. 반면 카르타고는 5단층 갤리선을 갖고 있었지요. 해전에서는 높은 위치에서 낮은 위치의 적을 공격하는 편이 유리했어요. 5단층 갤리선은 당연히 3단층 갤리선보다 높았어요. 게다가 5단층 갤리선은 노잡이 병사도 300명이나 되었어요. 100명이 노를 젓는 3단층 갤리선보다 속도가 빠를 수밖에 없었지요. 카르타고군은 5단층 갤리선을 120척이나 갖고 있었어요.

로마에도 해군이 탄생했어요

로마는 배에 대해 눈곱만큼도 몰랐어요. 그래서 카르타고군의 함선을 해체한 뒤 차례차례 조립하는 방식으로 5단층 갤리선을 만들기 시작했어요. 그런데 5단층 갤리선을 바다에 띄운다고 해서 끝나는 게 아니었어요. 무엇보다 노를 저을 줄 아는 병사들이 필요했거든요.

더 넓은 세상을 향해

로마 병사들은 육지에 설치된 모형 선박에서 영차영차 노를 젓는 훈련에 들어갔어요. 마침내 로마는 이듬해 봄에 5단층 갤리선 100척과 3단층 갤리선 200척을 완성했어요. 또한 함선에서 노를 저을 병사들도 준비를 끝냈어요. 돛이나 키를 다룰 병사들은 로마와 동맹을 맺은 항구 도시에서 지원해 주었어요.

로마군이 첫 해전을 치렀어요

로마는 집정관 두 명을 시칠리아의 메시나로 파견했어요. 그나이우스 집정관은 해군을 맡았고 두일리우스는 육군을 지휘했어요. 그나이우스의 명령에 따라 100여 척의 함선이 힘차게 바다로 나아갔어요. 어느새 그나이우스를 태운 함선은 저 멀리 앞장서서 갔어요. 그나이우스는 주변의 함선 17척만 이끌고 리파리 제도를 공격했어요. 리파리는 워낙 작아서 손쉽게 점령했어요.

더 넓은 세상을 향해

이 사실을 알게 된 카르타고군은 함선 20척을 끌고 리파리로 출동했어요. 한밤중에 도착한 카르타고 함대는 리파리 항구를 포위했어요.
이튿날 아침에 로마군은 싸워 보지도 못하고 항복할 수밖에 없었지요.
로마군의 지휘관인 그나이우스는 다른 병사들과 함께 포로 신세가 되고 말았어요.

바다에 까마귀가 나타났어요

로마의 나머지 함선들이 뒤늦게 메시나에 도착했어요. 해군 지휘까지 맡게 된 두일리우스 집정관은 신무기인 까마귀를 생각해 냈어요. '까마귀'는 배와 배 사이를 이어 주는 다리였어요. 까마귀를 이용해 적의 갑판으로 로마군이 건너가 싸우겠다는 전략이었지요. 카르타고 함대가 메시나로 향한다는 소식이 들리자 두일리우스는 돛대마다 까마귀를 매달고 항구를 떠났어요.

카르타고 함대가 나타나자 로마 함대는 일렬로 늘어섰어요. 카르타고군은 삐뚤빼뚤 엉망으로 서 있는 로마 함대를 보고 웃음을 터트렸지요. 그러나 웃음을 거두기도 전에 로마 함선이 전속력으로 달려가 카르타고 함선의 갑판 위에 까마귀를 쿵 떨어트렸어요. 로마군은 까마귀를 통해 카르타고 함선으로 물밀 듯이 쳐들어가서 창과 칼을 휘둘렀어요. 순간 해상 전투는 육상 전투로 바뀌었고 로마군들이 실력을 발휘했어요. 카르타고의 막강한 함선이나 뛰어난 항해술은 아무 소용이 없었지요. 카르타고는 로마와의 해전에서 시칠리아에 파견한 해군의 3분의 1을 잃었어요.

물러설 수 없는 로마와 카르타고

카르타고로 전쟁터를 옮겼어요

로마는 전쟁터를 카르타고로 옮겨야 한다고 생각했어요. 기원전 256년, 로마 함선 230척이 카르타고 앞바다에 나타났어요. 그러자 카르타고 함선 250척이 그 앞을 가로막았어요. 잠시 후 중앙의 함선들이 슬그머니 뒤로 빠지며 로마 함대를 유인했어요. 로마군을 포위해 공격하려는 작전이었지만 오히려 카르타고 함대가 포위당했어요. 로마군이 아프리카 북부에 상륙해 가까이에 주둔하자 카르타고 주민들은 불안해졌어요. 카르타고는 스파르타 출신의 용병 대장에게 군대의 지휘를 맡기고 코끼리와 기마 부대를 준비했어요.

코끼리의 힘을 보여 줘!

더 넓은 세상을 향해

이듬해 봄, 1만 6천여 명의 카르타고 병사와 100마리의 코끼리가 로마군을 먼저 공격했어요. 로마군은 1만여 명의 병사가 전부였어요. 코끼리들이 전차처럼 무서운 속도로 달려들자 로마군은 와르르 쓰러졌어요. 곧이어 카르타고의 기마 부대가 로마군을 가차 없이 공격해 2천여 명의 병사들만 겨우 달아났어요.

더 넓은 세상을 향해

로마 함대는 시칠리아 남해안에서 엄청난 태풍을 만났어요. 노련한 뱃사람들이 말리는데도 두 집정관은 함선을 빨리 해안에 대라고 명령했어요. 결국 230척에 이르는 함선들이 한꺼번에 해안으로 향하다가 서로 부딪치고 말았어요. 로마 함선 150척이 가라앉고 6만여 명의 병사들이 목숨을 잃었어요. 로마는 바다에서 카르타고를 상대로 승리했으나 태풍 앞에서 무릎을 꿇어야 했지요.

닭이 모이를 먹지 않았어요

시칠리아의 항구 도시인 마르살라는 카르타고의 보급 물자가 도착하는 곳이었어요. 카르타고는 마르살라를 반드시 지켜야 했고 로마는 어떻게든 마르살라를 차지해야 했어요. 포에니 전쟁이 일어난 지 16년이 지났을 때 풀케르 집정관이 220척의 함대를 이끌고 트라파니로 향했어요.

더 넓은 세상을 향해

풀케르는 가는 도중에 여느 지휘관처럼 새 점을 쳤어요. 로마에서는 새나 닭이 모이를 잘 먹어야 전쟁에서 승리한다고 믿었지요. 닭이 모이를 먹지 않자 풀케르는 화가 나서 닭을 바다에 던져 버렸어요. 병사들은 풀케르의 행동을 보고 불안감에 휩싸였어요. 아니나 다를까 트라파니 항구에 도착한 로마 함대는 해안선을 등진 채 카르타고 함대에 포위되었어요. 카르타고 함대는 포위망을 좁히며 로마 함대를 공격했어요. 로마 함대 93척이 붙잡히고 30척이 가라앉았어요. 2만여 명에 이르는 로마 병사들은 거의 다 물에 빠져 죽고 말았지요.

포에니 전쟁을 치르느라 나랏돈이 바닥났어요

카르타고는 게릴라 전법을 쓰며 로마가 차지한 시칠리아 항구를 공격했어요. 23년 동안 이어진 전쟁으로 로마의 함선은 거의 다 낡고 부서져서 새로 만들어야 했지요. 그러나 로마의 국고는 텅 비어 있었어요. 원로원 의원들과 귀족들은 주머니를 털어 5단층 갤리선 200척을 만든 뒤 집정관 카툴루스에게 지휘를 맡겼어요.

더 넓은 세상을 향해

카르타고는 시칠리아에 머무는 병사들에게 필요한 식량과 무기를 수백 척의 배에 싣고 바다로 향했어요. 카르타고 지휘관은 목적지 부근을 로마 함대가 지킨다는 것을 알았지만 개의치 않았어요. 무엇보다 바람이 카르타고 편이었어요. 순풍을 맞으며 카르타고 함대는 유유히 목적지로 나아갔어요. 로마의 지휘관인 카툴루스는 전투에 나서야 할지 고민했어요. 카르타고 함대뿐만 아니라 맞바람과도 싸워야 했으니까요.

마지막 해전이 시작되었어요

카툴루스는 불리한 상황이었지만 카르타고와 맞서기로 결심했어요. 전속력으로 달려가서 카르타고 함대를 가로막자 카르타고 함대도 로마 함대를 향해 무서운 기세로 돌진했어요. 함선끼리 부딪치는 소리와 병사들의 고함이 울려 퍼졌어요. 이 마지막 해전에서 승리의 여신은 로마의 편을 들었어요. 카르타고 함선은 50척이 넘게 가라앉았고 70척 이상 붙잡혔어요. 카르타고는 패배를 인정하고 로마에 협상을 제안했어요.

로마의 승리

로마가 내건 조건은 간단했어요.
'카르타고는 시칠리아에서 철수하며 시라쿠사를 포함한 로마 동맹국에 싸움을 걸지 않는다. 또한 로마에 배상금으로 3천 2백 달란트를 낸다. 로마는 카르타고의 자치와 독립을 존중한다.'
결과적으로 카르타고는 시칠리아와 지중해를 한꺼번에 잃은 반면 로마는 지중해의 패권을 얻게 되었어요. 로마는 지중해의 패권을 차지하면서 해상 무역의 강대국으로 발돋움하게 되었지요. 23년 동안 질질 끌었던 전쟁은 드디어 끝이 났어요.

로마 이야기 배움터

왜 포에니 전쟁이라는 이름이 붙었을까?

로마와 카르타고가 맞붙은 포에니 전쟁의 이름은 어디에서 유래되었을까요? 카르타고는 원래 페니키아인들이 세운 식민 도시였어요. 페니키아인을 라틴어로 '포에니'라고 하거든요. 페니키아인들은 예전부터 배를 타고 다니며 물건을 사고팔았어요. 그 결과 항해 경험이 풍부하고 선박을 만드는 기술도 뛰어났지요.

페니키아인들은 지중해를 누비며 막강한 세력을 과시했고 곳곳에 식민지까지 만들었어요. 고대 그리스의 어떤 지리학자는 페니키아인들이 아프리카에 세운 식민지가 300여 개나 된다고 기록했어요. 다른 나라로부터 사들인 물건을 또 다른 나라에 파는 중계 무역에 필요한 곳이었지요. 그중 하나가 바로 카르타고였어요.

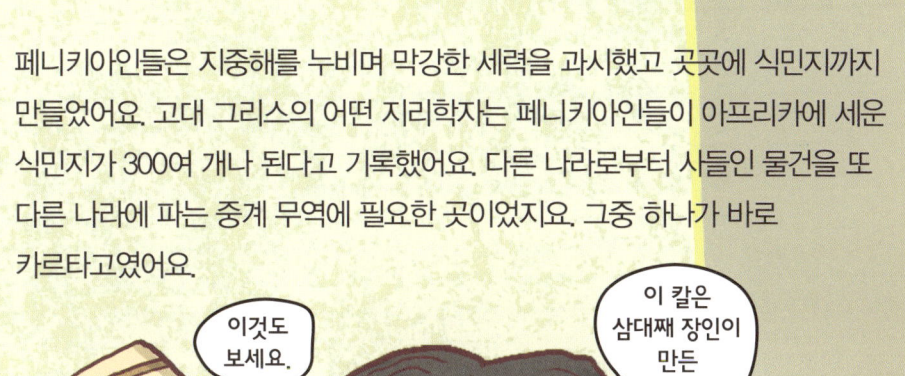

포에니 전쟁이 끝나고 20여 년이 흘렀어요. 카르타고는 패전국이지만 로마의 핍박을 받지 않고 그럭저럭 잘 지냈어요. 시칠리아를 넘겨주고 배상금을 내기는 했어도 나라가 휘청거릴 만큼 타격이 크지 않았거든요. 그러나 포에니 전쟁의 패배를 무겁게 받아들이는 사람도 있었어요. 전쟁에서 아버지가 로마군과 치열하게 싸웠던 한니발이었어요.

결국 한니발은 카르타고군을 이끌고 알프스를 넘어 이탈리아반도로 쳐들어갔어요. 제2차 포에니 전쟁이 시작된 거예요.

한니발의 등장

새로운 총독

로마가 카르타고에 전쟁을 선포했어요

카르타고는 로마에 시칠리아를 내주었지만 유럽의 이베리아반도를 장악하였어요. 오늘날 에스파냐가 자리 잡은 곳이지요.

기원전 221년, 카르타고 정부가 이베리아반도의 새로운 총독으로 내세운 인물은 젊은 한니발이었어요. 2년 뒤 한니발은 이베리아반도 동해안의 사군툼을 공격했어요. 그곳에서 카르타고 출신 주민들이 살해당했거든요.

한니발과 제2차 포에니 전쟁

사군툼 주민들은 동맹 관계를 맺은 로마에 도움을 청했어요. 로마는 한니발에게 사절단을 보내 사군툼 공격을 중지하라고 요구했어요. 그러나 한니발은 사군툼을 차지한 뒤 사람들을 노예로 팔아넘기고 물건을 빼앗았어요. 그러자 로마는 카르타고가 포에니 전쟁 이후 맺은 협상을 어겼다며 전쟁을 선포했어요.

로마까지 걸어갔어요

한니발은 카르타고가 로마에 당한 패배를 갚아 줄 기회라고 생각했어요. 그렇다면 로마군이 올 때까지 기다리느니 이탈리아반도로 쳐들어가는 편이 낫겠다고 결론을 내렸어요.

기원전 218년, 한니발은 병사 5만여 명과 코끼리 37마리를 이끌고 피레네산맥을 넘어 프랑스를 통과했어요.

한니발과 제2차 포에니 전쟁

사실 이베리아반도에서 로마에 도착할 수 있는 가장 간단한 방법은 바닷길이었어요. 한니발은 왜 산맥과 습지와 이민족이 가로막고 있는 육지를 선택했을까요?

로마는 시칠리아를 거점으로 지중해를 장악했어요. 로마의 해군은 예전보다 훨씬 막강해졌으며 이탈리아반도의 항구 도시들은 철통같은 방어 태세를 갖추고 있었지요. 한니발은 수백 대의 함대를 이끌고 지중해를 건너 로마에 상륙하는 것은 불가능하다고 판단했어요. 남은 방법은 험난한 알프스를 넘어 이탈리아반도 북부로 침략하는 것뿐이었지요.

알프스산맥에 도착했어요

5월에 출발한 한니발 군대는 9월이 되어서야 알프스산맥 아래에 도착했어요. 병사들은 깎아지른 듯한 가파르고 높다란 알프스산맥을 보는 순간 입이 쩍 벌어졌어요. 게다가 눈이 내리기 시작해서 미끄럽기 짝이 없었어요.

한니발은 조금도 지체하지 않았어요. 9일 만에 2천 미터가 넘는 고갯길의 정상에 이르렀지요. 추위와 피로에 지친 병사들을 앞에 두고 한니발이 동쪽을 가리키며 소리쳤어요.

"저곳이 이탈리아다. 곧 로마 성문 앞에 도착한다. 이제부터는 내리막길이다. 앞으로 한두 번만 전투를 치러서 이기면 로마는 우리 차지가 된다."

한니발과 제2차 포에니 전쟁

에스파냐를 떠난 지 4개월 만에 5만여 명의 병사는 절반으로 줄어들었어요. 이탈리아반도 북부의 켈트족은 로마와 사이가 나빴어요. 켈트족 전사들은 한니발 군대로 모여들었어요. 그러자 병사의 수는 3만 5천여 명으로 늘어났어요. 한니발은 로마와 전투를 치르기 전에 병사들을 모아 놓고 연설했어요.

"우리의 등 뒤에는 알프스가 있다. 거기를 다시 오를 수는 없다. 우리에게는 눈앞의 로마군과 싸우는 것만 남아 있다. 이 전쟁은 반드시 이긴다. 전쟁이 끝나면 카르타고든 이탈리아든 원하는 나라의 땅을 주겠다. 노예들은 자유를 얻게 될 것이다."

한니발이 적의 뒤통수를 쳤어요

매서운 추위가 몰아치는 12월 말인데도 한니발은 로마군과 맞붙기로 결심했어요. 한니발의 명령에 따라 모든 병사는 배불리 아침 식사를 마쳤으며 모닥불로 몸을 따뜻하게 데웠어요. 그리고 순식간에 로마 군대로 쳐들어갔어요. 로마 병사들은 자다가 일어나서 칼과 방패만 들고 뛰쳐나갔어요. 그런데 한니발의 군대가 로마군의 기세에 눌렸는지 후퇴를 거듭했어요.

한니발과 제2차 포에니 전쟁

로마의 집정관인 셈프로니우스는 한니발을 완전히 무너뜨릴 절호의 기회라고 생각했어요. 셈프로니우스의 명령에 따라 로마군은 한니발의 군대를 뒤쫓아 우르르 강을 건넜어요. 추격하느라 바빴던 로마군들은 한니발 군대에 포위되었다는 것을 나중에야 깨달았어요. 숲속에 숨어 있던 한니발 군대가 로마군의 뒤를 막았어요. 한니발 군대와 달리 로마군은 추위와 배고픔에 기진맥진한 상태였지요. 이 전투에서 로마군은 2만여 명이 전사하고 1만 명은 포로로 잡혔어요. 한니발 군대의 눈부신 승리였어요.

포위됐군.

살려 주세요.

한니발은 계획이 다 있었어요

한니발은 포로로 잡힌 로마군 중에서 로마 시민만 가혹하게 괴롭힌 뒤 죽였어요. 대신 동맹국 병사들에게는 충분한 음식을 주고 편안하게 지내도록 허락했으며 나중에는 고향으로 돌려보냈어요. 로마의 동맹국을 적으로 삼지 않겠다는 뜻을 내비친 셈이었지요.

한니발과 제2차 포에니 전쟁

사실 3~4만 명의 카르타고 병력으로 로마와 맞서는 것은 달걀로 바위 치기나 다름없었어요. 로마는 동맹국의 지원을 받으면 70만 명이 넘는 병사들을 동원할 수 있었거든요.

한니발은 로마와 동맹국의 관계를 끊으면 전쟁에서 승리할 수 있다고 자신했어요. 그렇지만 포로를 돌려보낸다고 해서 로마의 동맹국이 카르타고로 돌아설 거라고는 생각하지 않았어요. 동맹국의 마음을 돌리려면 무엇보다 로마와 맞붙은 전투에서 승리해야 했지요. 한니발은 로마의 동맹국들이 자리 잡은 이탈리아 중부에서 승패를 가릴 생각이었어요.

한니발의 힘든 싸움

한니발 군대가 호숫가에서 로마군을 기다렸어요

봄이 되자 로마 원로원은 다급해졌어요. 한니발 군대가 로마로 내려올 게 뻔했으니까요. 집정관 플라미니우스가 로마군을 이끌고 한니발이 지나갈 만한 길목에서 기다렸어요. 마침내 한니발의 경로를 파악한 플라미니우스는 그 뒤를 쫓았어요. 한니발은 이탈리아 중부에서 가장 크다는 트라시메노 호수에 도착했어요. 왼편으로는 아펜니노산맥의 숲이 병풍처럼 펼쳐져 있었고 숲과 호수 사이에는 좁다란 길이 쭉 뻗어 있었어요. 한니발은 숲 곳곳에 병사들을 배치한 뒤 숨죽인 채 로마군을 기다렸어요.

밤이 되어 트라시메노 호수에 도착한 플라미니우스는 전혀 눈치채지 못했어요. 안개가 자욱한 아침에 로마군은 호숫가를 따라 한니발 군대를 쫓았어요. 2만 5천여 명의 로마군이 좁다란 길을 빼곡하게 메운 순간 한니발 군대가 일제히 튀어나와 창과 칼을 휘둘렀어요. 서너 시간 만에 로마군은 전멸했지요. 1만 7천여 명이 전사하고 6천 명이 포로로 잡혔어요. 그에 반해 한니발 측의 희생자는 2천여 명에 불과했어요. 한니발의 재치로 얻어 낸 승리였어요.

칸나에 전투가 벌어졌어요

기원전 216년, 로마는 한니발 군대를 끝장내겠다는 각오를 다지며 병력을 8만 7천여 명으로 늘렸어요. 두 명의 집정관은 로마군을 이끌고 한니발을 추격했어요. 한니발은 5만여 명의 병사들을 먹이기 위해 로마의 식량 기지가 있는 칸나에에서 멈췄어요. 그 뒤를 쫓은 로마군 역시 칸나에에 도착하여 한니발 군대 앞에 진을 쳤어요. 드디어 결전의 날이 밝았어요. 로마군은 총사령관의 명령에 따라 밀집한 채 한니발 군대를 향해 돌진했어요.

한니발과 제2차 포에니 전쟁

한니발의 보병대는 위쪽이 볼록한 초승달 모양으로 전진했어요. 보병대의 중앙이 후퇴하자 한니발 군대의 형태는 아래쪽이 볼록한 초승달로 바뀌었지요. 그 순간 로마군은 한니발 군대에 둘러싸였어요. 곧이어 한니발의 기병대가 로마군의 뒤를 막아섰어요. 다닥다닥 붙어 있던 로마 병사는 독 안에 든 쥐 신세가 되고 말았어요. 로마군 7만여 명이 전사했으며 집정관 두 명을 비롯해 전투에 참여한 원로원 80명도 목숨을 잃었어요. 한니발 쪽은 전사자가 5천여 명뿐이었지요.

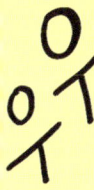

한니발의 뜻대로 이뤄지지 않았어요

한니발은 칸나에 전투 이후로 로마가 협상에 나서리라 생각했어요. 그래서 포로의 몸값을 내면 풀어 주겠노라고 로마에 제안했지요. 포로 중에는 원로원 의원이나 가족도 있었어요. 그렇지만 원로원 의원들은 한니발의 제안을 거절했어요. 로마는 한니발과 협상할 생각이 눈곱만큼도 없었어요. 한니발은 하는 수 없이 로마군 포로들을 그리스에 노예로 팔았어요.

로마의 동맹국 중 카푸아는
한니발과 협상을 맺었어요. 그러나
카푸아를 제외하고 로마를 배반한 동맹국은 거의 없었어요. 동맹국들은
여전히 로마에 병력을 보냈고 전쟁에 필요한 물자를 지원해 주었지요.
한니발은 전투를 몇 번 치러서 승리하면 로마를 차지할 수 있으리라
큰소리쳤어요. 그러나 예상 외로 로마는 강했고 로마와 동맹국의 관계도
끈끈했어요.

한니발이 문 앞에 와 있다

칸나에 전투에서 로마가 패배하자 이탈리아 중부의 카푸아는 한니발과 손을 잡았어요. 그런데 로마로서는 카푸아를 포기할 수 없었어요. 4년 뒤 로마의 집정관이 6개 군단을 이끌고 카푸아로 출격했어요. 카푸아는 한니발에게 도움을 요청했어요. 한니발은 단숨에 카푸아로 진격했지만 로마의 포위를 뚫지 못했어요. 결국 카푸아는 로마의 수중에 떨어졌지요.

한니발과 제2차 포에니 전쟁

한니발은 어떻게든 카푸아를 되찾고 싶었어요. 그러나 로마의 6개 군단이 카푸아를 포위하고 있었어요. 한니발은 카푸아 근처에 불쑥 나타나 포위망을 뚫어 보려 했으나 소용이 없었지요. 로마군은 한니발의 공격에도 응하지 않고 수비에 전념했어요. 한니발은 기병대만 이끌고 로마의 수도로 달려가 성벽을 돌았어요. 한니발의 대담한 행동에 로마인들은 덜컥 겁이 났어요.
로마의 성벽이 워낙 견고한 탓에 한니발은 돌아섰으나 이 사건은 로마인들의 기억에 깊이 새겨졌어요. 훗날 로마인들은 아이를 혼낼 때 "한니발이 문 앞에 와 있다."라며 야단쳤다고 해요.

로마는 전쟁을 질질 끌었어요

한니발은 칸나에 전투처럼 대규모의 전투를 통해 로마를 무너뜨리고 싶었어요. 한니발의 속셈을 알아차린 로마는 다른 방식으로 대응했어요. 한니발이 여기저기 공격하며 로마군을 끌어내려 했지만 상대는 오로지 수비에만 전념했어요. 이 작전을 밀고 갔던 파비우스는 '굼뜬 사내'라고 놀림을 받았으나 훗날에는 '이탈리아의 방패'라는 호칭을 얻었지요.

한니발과 제2차 포에니 전쟁

파비우스의 전략 때문에 한니발은 칸나에 전투 이후로 로마에 타격을 입히지도 못한 채 시간만 보내야 했어요. 로마는 전투에서 패배할지언정 항복을 선언하지 않았어요. 오히려 한니발이 점령한 지역을 야금야금 되찾았지요. 게다가 로마가 시칠리아를 장악한 바람에 한니발은 카르타고에서 보내는 병력이나 보급품을 제대로 지원받지 못했어요. 결국 한니발은 이탈리아 남부 해안에 고립된 상태로 지냈어요.

로마의 승리

스키피오가 로마군을 이끌었어요

스키피오는 십 대의 어린 나이에 티키누스 전투에 참여해 한니발과 맞서 싸웠어요. 당시 로마의 지휘관인 아버지가 중상을 입고 목숨이 위태로워지자 스키피오 홀로 말을 타고 달려가 아버지를 구해 냈다는 이야기도 있지요. 그로부터 몇 년 뒤에 이베리아반도는 카르타고의 손에 거의 다 넘어갔어요. 이베리아 원정은 위험하고 어려워서 로마의 귀족들이 선뜻 나서지 못할 때 스키피오가 로마군 총사령관이 되어 이베리아반도로 건너갔어요.

한니발과 제2차 포에니 전쟁

스키피오가 지휘하는 4만 8천여 명의 로마군은 이베리아반도 남부에서 7만 명 이상의 카르타고 병력을 맞이해 대규모 전투를 벌였어요. 스키피오는 뛰어난 전술을 발휘해 카르타고 병사들을 무찔러 이베리아반도에서 카르타고 세력을 몰아냈어요. 그 결과 젊은 나이에 집정관이 되었어요.

한니발과 스키피오가 맞닥뜨렸어요

스키피오는 전쟁터를 카르타고로 옮겨야 한다고 주장했어요. "지금까지는 카르타고가 로마에 싸움을 걸어왔습니다. 이제는 로마가 카르타고를 쳐야 할 때입니다. 로마에 16년이나 눌러앉아 있는 한니발을 보십시오. 적의 본거지를 공격하는 것이 가장 효과적입니다."
스키피오는 40척의 함선과 400척의 수송선에 2만 6천여 명의 병사들을 태우고 아프리카 북부로 향했어요. 아프리카 북부에 상륙한 스키피오는 카르타고와 누미디아 연합군을 상대로 승리를 거뒀어요. 카르타고는 한니발에게 돌아오라고 요청했어요.

한니발과 제2차 포에니 전쟁

한니발은 1만 5천여 명의 병사들만 데리고 카르타고로 돌아갔어요. 이듬해 봄에 한니발 군대의 병력은 병사 5만여 명에 코끼리 80마리로 늘어났어요. 스키피오가 이끄는 로마군은 4만여 명이었지요. 한니발과 스키피오는 카르타고 남서 지방인 자마에서 대결을 펼쳤어요. 한니발은 80마리의 코끼리를 앞세워 로마군을 몰아붙였어요. 그러자 스키피오는 칸나에 전투에서 한니발이 펼친 작전을 그대로 활용해 전투를 승리로 이끌었어요.

카르타고가 로마와 협상을 맺었어요

한니발이 패배했다는 소식에 카르타고는 당황했어요. 로마군이 당장 쳐들어올 것 같았거든요. 전쟁터에서 돌아온 한니발은 패배를 인정하며 로마와 협상을 맺는 수밖에 없다고 카르타고 정부에 말했어요. 로마가 요구하는 조건 중에서 몇 가지는 카르타고에 상당히 불리했어요.

한니발과 제2차 포에니 전쟁

카르타고는 이베리아반도를 포기해야 하며 3단층 갤리선 열 척을 제외한 모든 함선을 로마에 넘겨줘야 했어요. 그러나 가장 치명적인 조항은 따로 있었어요. 카르타고는 로마의 승인이 없으면 절대로 전쟁을 할 수 없었어요. 적이 쳐들어와도 로마가 허락하지 않으면 꼼짝없이 당해야 한다는 뜻이었지요. 결국 카르타고는 완전한 독립국이라고 할 수 없는 처지가 되었어요.

로마는 카르타고를 외면했어요

한니발이 일으킨 제2차 포에니 전쟁은 16년 만에 막을 내렸어요. 카르타고는 지중해 패권을 잃었지만 해상 무역을 통해 많은 돈을 벌어서 점차 세력을 회복했어요. 그렇지만 군사력이 약했기 때문에 로마에 대항하고 싶지 않았어요. 문제는 이웃 나라인 누미디아였어요. 누미디아는 걸핏하면 카르타고로 쳐들어와서 노략질을 일삼았어요. 카르타고는 누미디아 문제를 해결해 달라고 로마에 호소했지만 소용이 없었어요. 누미디아가 로마의 동맹국이기 때문이었지요.

한니발과 제2차 포에니 전쟁

카르타고는 6만여 명의 용병을 고용해 누미디아에 맞섰지만 패배했어요. 로마 원로원은 카르타고가 강화 조약을 어겼다며 격분했어요. 카르타고는 로마로 사신을 보내 원로원 의원들에게 잘못을 빌었어요.
"용서해 주십시오. 그런 뜻에서 인질 300명을 로마로 보내겠습니다."
원로원은 카르타고의 모든 무기와 전투 장비 역시 내놓으라고 요구했어요. 카르타고는 인질 300명을 즉각 시칠리아로 보냈으며 쇠로 만든 활 2천 개와 갑옷 20만 벌을 카르타고에 주둔한 로마 지휘관에게 전달했어요.

메롱~

제3차 포에니 전쟁이 일어났어요

로마의 요구는 이어졌어요.

"카르타고의 수도를 파괴하고 주민은 해안에서 15킬로미터 떨어진 내륙으로 이주하라. 이를 거부할 시 전쟁을 각오하라."

카르타고 주민들은 분노하며 로마의 요구를 거절한 뒤 전쟁을 준비했어요. 전투에 참여한다는 조건으로 죄수와 노예까지 해방시켜 3만여 명의 병력을 갖추었지요. 그리고 도시 안의 물자를 거두어서 무기를 만들었어요.

로마의 집정관들은 카르타고를 무릎 꿇리려고 8만여 명의 로마군을 동원해 카르타고의 성벽을 공격했어요. 카르타고 주민들은 죽음을 각오하고 로마군에 맞서 무려 3년을 버텼어요. 생각보다 전쟁이 길어지자 로마 시민과 원로원은 나이가 어려 자격이 안 되지만 능력이 뛰어난 아이밀리아누스를 집정관에 임명했어요.

로마가 카르타고를 함락시켰어요

젊은 아이밀리아누스 장군의 지휘에 따라 로마군은 마침내 카르타고 성벽을 넘었어요. 카르타고의 저택과 신전이 차례차례 불길에 휩싸였어요. 카르타고 주민들과 로마군이 맞붙은 지 7일 만에 전투는 끝났어요. 살아남은 카르타고 주민들은 노인과 아이 할 것 없이 모두 노예가 되었지요.

더 강력해진 로마를 소개합니다!

멍멍

한니발과 제2차 포에니 전쟁

로마군은 폐허로 변한 카르타고의 땅을 평평하게 고른 뒤에 소금을 뿌렸어요. 로마인들은 신들의 저주를 받은 땅에 소금을 뿌렸거든요. 기원전 264년에 시작된 포에니 전쟁은 기원전 146년이 되어서야 끝이 났어요. 세 차례나 벌어진 포에니 전쟁으로 카르타고는 역사 속으로 사라졌어요.

로마는 지중해 해상 무역을 장악하고 이베리아반도까지 진출하면서 세계를 호령하게 되었답니다.

로마 이야기 배움터

카르타고는 어떻게 바뀌었을까?

폐허로 변한 카르타고에 언제 다시 도시가 들어섰을까요? 자그마치 100년이 지난 뒤였어요. 카이사르 장군이 카르타고에 식민지를 건설하도록 명령을 내렸거든요. 로마는 식민지를 건설하면서 카르타고 유적을 철저하게 파괴해 현재 거의 남아 있지 않아요. 로마인들은 한니발 같은 인물이 또 나타나 로마를 괴롭힐까 봐 걱정되었어요. 로마는 정복한 지역에 관대한 편인데도 카르타고에 대해서만큼은 무자비하게 굴었지요. 카르타고는 로마에 속한 땅인 '속주'가 되었으며 이름도 '아프리카 속주'로 바뀌었어요.

시간이 흘러 중세 이슬람 시대에는 아랍인들이 카르타고를 차지했고 근대에는 프랑스의 지배를 받다가 1956년에 독립해 튀니지 공화국이 되었어요. 튀니지의 공용어는 아랍어이며 국민 대부분이 아랍인이에요. 그런데도 튀니지인들은 한니발과 카르타고에 대한 애착이 강하답니다. 기차역에 한니발이라는 이름을 붙이고 국제공항을 카르타고라고 이름 지었어요. 또 튀니지 지폐 앞면에는 한니발의 조각상이, 뒷면에는 카르타고 함대 그림이 그려져 있답니다.

로마 이야기 놀이터

고대 로마에 대해 살펴본 내용으로 보드게임을 해 보세요. 주사위를 던지고 나온 수만큼 말을 움직여요. '미션'을 해결하면 점수를 얻고, 해결을 못 하면 0점이에요. 도착점에 가서 점수를 더한 뒤 순위를 정해요.

준비물: 주사위, 말

출발 / 도착

1 초성 퀴즈
ㄱㅎㅅ
10점

2 고대 로마의 가장 중요한 도로는?
3점

3 황금 점수
5점

14 두 칸 앞으로 가기
5점

15 제2차 포에니 전쟁을 일으킨 카르타고의 장군은?
5점

16 초성 퀴즈
ㅅㅋㅍㅇ
5점

17 황금 점수
10점

18 한니발은 ○○○를 넘어 이탈리아반도 북부로 침략했어요.
10점

19 네 칸 뒤로 가기
5점

4 로마 공화정을 이끈 집정관, 원로원, ○○
5점

5 고대 로마 최초의 성문법은?
10점

6 황금 점수
3점

7 두 칸 뒤로 가기
5점

8 초성 퀴즈
ㅋㄹㅌㄱ
10점

9 군주정과 공화정 차이점 설명하기
100점

10 로마와 카르타고가 지중해를 둘러싸고 벌인 싸움은?
10점

11 초성 퀴즈
ㅅㅊㄹㅇ
5점

12 배와 배 사이를 이어 주던 로마군의 신무기는?
10점

13 황금 점수
5점

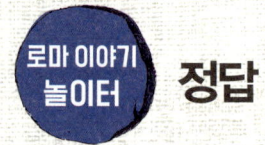
정답

▼ 42~43쪽

▼ 76~77쪽

▼ 110~111쪽

▼ 182~183쪽

1 공화정 2 아피우스 가도 4 민회 5 12표법 8 카르타고
10 포에니 전쟁 11 시칠리아 12 까마귀 15 한니발 16 스키피오
18 알프스

《그림으로 보는 로마 이야기》 시리즈는 전 5권입니다.

《그림으로 보는 세계사》와 함께 읽어요!

1권 도시 국가 로마
2권 공화정과 포에니 전쟁
3권 개혁과 노예 반란
4권 공화정의 몰락
5권 로마 제국의 멸망

기원후(A.D.)	
312년	콘스탄티누스, 로마 서방의 황제 즉위
313년	밀라노 칙령으로 크리스트교 공인
324년	콘스탄티누스, 로마 제국의 황제 즉위
330년	콘스탄티누스, 수도를 비잔티움으로 옮김
337년	콘스탄티누스 사망. 로마 제국 3등분
375년	게르만족의 이동이 시작됨
379년	테오도시우스, 로마 동방의 황제 즉위
392년	크리스트교를 로마의 국교로 선포
395년	동로마와 서로마 분리
451년	훈족, 서로마 침공
476년	게르만족의 침입으로 서로마 제국 멸망
534년	유스티니아누스, 〈로마법 대전〉 완성
962년	신성 로마 제국의 성립
1453년	오스만 튀르크에 의해 동로마 제국 멸망

콘스탄티누스

로마 제국 멸망

B.C. 753 ~ 27

 로마

기원전(B.C.)	
753년	로물루스, 도시 국가 로마 건국
715년	제2대 왕 누마 폼필리우스, 로마의 종교 의례를 제도화함
673년	제3대 왕 툴루스 호스틸리우스, 알바롱가 왕국 통합
641년	제4대 왕 안쿠스 마르키우스, 로마에 수도관 설치. 오스티아 정복
615년	제5대 왕 타르퀴니우스 프리스쿠스, 에트루리아의 기술로 도시 로마 건설
579년	제6대 왕 세르비우스 툴리우스, 인구 조사를 실시하고 군대 개혁
534년	제7대 왕 타르퀴니우스 수페르부스, 카피톨리노 언덕에 신전 건설
509년	왕정에서 공화정으로 바뀜
494년	호민관 설치
493년	라틴 동맹 결성
449년	귀족과 평민의 대립 심화로 성산 사건 발생 로마 최초의 성문법인 12표법 완성
367년	리키니우스·섹스티우스법 제정. 평민 출신 집정관 탄생
343년	제1차 삼니움 전쟁
326년	제2차 삼니움 전쟁
312년	아피우스 가도 건설 시작
298년	제3차 삼니움 전쟁
280년	피로스 전쟁
272년	로마의 이탈리아반도 통일
264년	제1차 포에니 전쟁
259년	로마 해군, 말라이에서 카르타고군을 무찌름
221년	카르타고의 한니발, 이베리아 총독으로 부임
218년	한니발, 제2차 포에니 전쟁을 일으킴
216년	한니발, 칸나에 전투에서 승리
202년	로마의 스피키오, 자마 전투에서 승리
201년	카르타고, 로마와 평화 조약 체결
150년	카르타고, 평화 조약을 어기고 누미디아와 전쟁
149년	제3차 포에니 전쟁
146년	카르타고 멸망
133년	호민관 티베리우스 그라쿠스의 농지 개혁
123년	호민관 가이우스 그라쿠스의 곡물법, 도로법 등 개혁안 추진
111년	유구르타 전쟁. 토지법 공포
107년	집정관 마리우스의 군제 개혁 실시. 지원병제로 전환

제국 연표 A.D. 14 ~ 1453

기원전(B.C.)	
100년	카이사르 출생
91년	동맹시 전쟁 발발
88년	미트라다테스 전쟁. 술라가 집정관에 선출됨
87년	술라와 마리우스의 대립으로 인한 내전
83년	술라의 로마 진격
81년	술라, 독재관에 선출됨. 술라의 공포 정치
73년	스파르타쿠스의 노예 반란
70년	폼페이우스와 크라수스가 집정관에 선출됨
67년	폼페이우스, 지중해에서 해적 소탕
64년	폼페이우스, 시리아 정복
60년	제1차 삼두 정치 형성
59년	카이사르, 집정관 취임
58년	카이사르, 갈리아 속주 총독 부임
53년	크라수스, 파르티아 원정 중 사망
51년	카이사르, 갈리아 전체를 굴복시킴
49년	카이사르, 로마 내전 시작
48년	카이사르, 디라키움 전투 패배 카이사르, 파르살루스 전투 승리 폼페이우스 사망
47년	카이사르, 클레오파트라와 동맹
46년	탑수스 전투 카이사르, 개선식 거행 카이사르, 임기 10년의 독재관 취임
44년	카이사르, 종신 독재관 취임 카이사르 암살 옥타비아누스, 카이사르의 후계자로 등장
43년	옥타비아누스, 집정관 부임 제2차 삼두 정치 형성
42년	옥타비아누스와 안토니우스, 브루투스와 카시우스 격파
40년	삼두, 브린디시 협정으로 로마를 분할 통치
36년	안토니우스, 파르티아 원정
31년	옥타비아누스, 악티움 해전 승리
27년	옥타비아누스, 아우구스투스의 칭호를 받음

기원후(A.D.)	
14년	아우구스투스 사망 티베리우스, 제2대 황제 즉위
37년	티베리우스 사망 칼리굴라, 제3대 황제 즉위
41년	칼리굴라 암살 클라우디우스, 제4대 황제 즉위
43년	로마의 브리튼 침공
49년	클라우디우스, 조카인 아그리피나와 결혼
50년	클라우디우스, 네로를 아들로 입양
54년	네로, 제5대 황제 즉위
64년	로마 대화재 발생. 네로의 크리스트교도 박해
66년	제1차 유대-로마 전쟁
68년	네로 사망
69년	4황제의 해 (갈바➡오토➡비텔리우스➡베스파시아누스)
79년	티투스 황제 계승
80년	콜로세움 완공
81년	도미티아누스 황제 계승
96년	5현제 시대 시작 (네르바➡트라야누스➡하드리아누스➡안토니누스➡아우렐리우스)
101년	트라야누스의 다키아 원정
117년	로마 제국의 영토가 최대로 확장됨
193년	로마의 황제가 근위대에 피살되는 사건이 연속적으로 일어남
212년	카라칼라 칙령으로 속주민에게도 로마 시민권을 부여
235년	26명의 군인 황제 시대 시작
250년	데키우스 황제의 크리스트교도 박해
260년	갈리아 제국, 로마에서 분리
267년	팔미라 제국, 로마에서 분리
273년	아우렐리아누스, 로마를 통일
284년	디오클레티아누스, 군인 황제 시대를 끝내고 황제 즉위
293년	디오클레티아누스, 사두 정치 시행
303년	디오클레티아누스, 크리스트교 탄압 정책 시행
305년	디오클레티아누스 황제 퇴위

클라우디우스

로마 대화재

콜로세움

크리스트교 탄압